COMUNICAÇÃO NOS NEGÓCIOS
EM INGLÊS

COMUNICAÇÃO NOS NEGÓCIOS EM INGLÊS

Um guia para lidar com a linguagem comercial

wmf **martinsfontes**

SÃO PAULO 2011

Esta obra foi publicada originalmente em inglês com o título BUSINESS ENGLISH por Chambers Harrap Publishers Limited

1ª edição *2011*

Tradução *Valter Lellis Siqueira*
Acompanhamento editorial *Luzia Aparecida dos Santos*
Revisões gráficas *Marisa Rosa Teixeira, Renato da Rocha Carlos*
Edição de arte *Adriana Maria Porto Translatti*
Produção gráfica *Geraldo Alves*
Paginação *Moacir Katsumi Matsusaki*

Dados Internacionais de Catalogação na Publicação (CIP)
(Câmara Brasileira do Livro, SP, Brasil)

Série desktop guides : comunicação nos negócios em inglês / [tradução Valter Lellis Siqueira]. – São Paulo : Editora WMF Martins Fontes, 2011.

Título original: Business English
ISBN 978-85-7877-420-7

1. Conversação 2. Inglês comercial.

11-05472 CDD-428.3

Índices para catálogo sistemático:
1. Conversação comercial : Inglês : Linguística 428.3
2. Inglês : Conversação comercial : Linguística 428.3

Editora WMF Martins Fontes Ltda.
Rua Prof. Laerte Ramos de Carvalho, 133 01325-030 São Paulo SP Brasil
Tel. (11) 3293.8150 Fax (11) 3101.1042
e-mail: info@wmfmartinsfontes.com.br http://www.wmfmartinsfontes.com.br

ÍNDICE

Introdução vii
Glossário de termos gramaticais xi

Parte 1: Noções básicas

Orações, períodos e parágrafos 3
Uma redação clara e eficaz 22
Dúvidas frequentes 39
Pontuação 44
Erros comuns 65
Teste 94

Parte 2: Comunicação diária

Cartas 99
E-mails 111
Fax e memorandos 120
Material para reuniões 125
Relatórios 134
Propostas de vendas 147
Planos e programas comerciais 150
Apresentações eletrônicas 152

Parte 3: As comunicações de *marketing* e corporativas

Press releases 161
Folhetos e brochuras 168
Mala direta 173
Newsletters 179
Websites 183

Comunicados financeiros 186

Parte 4: Aprimore sua redação

Planejamento e rascunho 189
Revisão e reelaboração 196
Revisão final 201
Sugestão de regras de estilo 207

Soluções 219
Índice remissivo 233

Introdução

Muitas pessoas estudam inglês durante vários anos, mas, quando precisam se comunicar por escrito nessa língua em seu local de trabalho, com frequência não se sentem capazes de fazê-lo com eficiência, pois lhes faltam conhecimento e prática. Isso pode ser prejudicial para a organização em que trabalham e também para suas carreiras.

Este livro destina-se a cobrir essas falhas e sanar essas deficiências. Ele vai oferecer as ferramentas necessárias para que você possa redigir em inglês todos os tipos de documentos com que provavelmente terá de lidar em sua vida profissional – e redigi-los de maneira clara e adequada. Aqui você vai encontrar inúmeros exemplos das palavras inglesas em ação. E também muitos exercícios para que possa avaliar seu progresso à medida que for avançando. Mas talvez nosso objetivo mais importante seja fazer que você se sinta confiante ao escrever em inglês, de modo que possa produzir documentos da maior qualidade, assim como contribuir para a melhoria do trabalho de outras pessoas.

Por que o inglês é tão importante no mundo dos negócios?

Toda organização tem que se comunicar com vários tipos de público: funcionários, clientes, fornecedores, acionistas e outros colaboradores. E a escrita continua sendo o principal meio de comunicação, talvez mais ainda nos dias de hoje, em que o *e-mail* supera o telefone na comunicação interna e externa, sendo grande parte da correspondência redigida em inglês. Por causa de erros de comunicação, relacionamentos podem ser prejudicados, pedidos podem ser extraviados, investimentos podem ser recusados, funcionários podem ficar desmotivados e fornecedores podem falhar.

INTRODUÇÃO

O que se escreve sempre permanece. Ao contrário do que é falado, o que foi escrito pode ser revisto várias vezes. Assim, os erros acabam por se tornar mais evidentes e toda falta de compreensão logo se difunde. Mas, se você escrever corretamente, a impressão causada será sempre boa.

Como usar este livro

Este volume está dividido em quatro partes distintas, embora inter-relacionadas.

A **Parte 1** diz respeito ao inglês que você conhece e usa para escrever. Está dividida em cinco seções:

- **Orações e parágrafos**: como funcionam esses blocos básicos de construção da escrita; como torná-los claros e eficientes.
- **Estilo adequado de escrita**: escolher as melhores palavras; cortar as palavras desnecessárias; assegurar que a escrita diga o que se pretende dizer.
- **Erros gramaticais mais frequentes**: o que se pode e o que não se pode escrever em inglês.
- **Boa pontuação**: do apóstrofo à vírgula; da vírgula às aspas, passando por todos os outros elementos da pontuação.
- **Erros frequentes**: evitar alguns erros comuns de vocabulário que podem comprometer a eficácia de seu trabalho.

Em toda a **Parte 1** você encontrará exercícios para testar seu progresso.

A **Parte 2** aborda os principais documentos que você vai produzir em inglês em sua rotina profissional. São eles:

- **Cartas, *e-mails*, faxes e memorandos**: como aprimorar a estrutura, o tom e a eficácia dos meios mais fundamentais da comunicação escrita.
- **Material para reuniões**: como preparar agendas que propiciem reuniões bem-sucedidas; como escrever atas e relatórios que reflitam fielmente e resumam de modo claro o que foi discutido numa reunião.

- **Relatórios, propostas e planos**: como planejar, estruturar e escrever esses documentos mais extensos.
- **Apresentações eletrônicas**: como preparar apresentações que mantenham o interesse da plateia ao se usar um *software* como o Microsoft Office PowerPoint®.

A **Parte 3** examina outras formas de comunicação escrita que sua organização pode criar. Elas podem não ser especificamente de sua responsabilidade, mas se você as conhecer terá condições de comentá-las e dar sua contribuição para aprimorá-las. Esta seção examina como essas formas são produzidas e também aborda as dúvidas que poderão surgir quando você tiver que revisá-las. São elas:

- ***Press releases***: o misterioso mundo da comunicação com o público por meio da imprensa.
- **Folhetos e brochuras**: planejamento do conteúdo; tom apropriado da redação; uso de palavras persuasivas.
- **Mala direta**: nova forma de escrever cartas que se transformam em poderosos instrumentos de venda.
- ***Newsletters***: identificar o tom apropriado e o melhor conteúdo;
- ***Websites***: toda organização tem seu *site*, e você pode contribuir para que ele realmente funcione.
- **Comunicados financeiros**: conselhos práticos.

A **Parte 4** aprimora ainda mais suas técnicas de redação, ajudando-o a planejar, estruturar, avaliar e revisar. Quanto mais tempo você dedicar a seu estudo, melhor e mais adequada será sua redação. Esta seção aborda:

- **Planejamento**: como superar os primeiros obstáculos antes mesmo de você colocar os dedos no teclado.
- **Rascunho**: como definir a estrutura de seu trabalho e, aos poucos, organizar o conteúdo de acordo com ela.
- **Avaliação e revisão**: como mudar e aprimorar seu trabalho.
- **Síntese**: como reduzir a extensão de seu trabalho, tornando-a mais adequada à sua finalidade.

- **Resumo**: procedimentos necessários para escrever um sumário que realmente funcione e faça o leitor percorrer o documento até o fim.
- **Revisão final e estilo próprio**: como obter clareza e coerência não apenas em seus documentos, mas em toda a sua organização.

Quando chegar ao final deste livro, você estará mais bem equipado para produzir uma redação clara, concisa e adequada em inglês comercial.

Glossário

adjetivo palavra que caracteriza os seres: a *warm* day [um dia *quente*]; a *happy* man [um homem *feliz*]

advérbio palavra que se associa ao verbo para exprimir as circunstâncias em que se desenvolve o processo descrito pelo verbo, ao adjetivo e ao próprio advérbio para descrever a intensidade de uma característica: He ran *fast* [Ele correu *rápido*]; The products sold *well* [Os produtos venderam *bem*]; The new secretary is *very* efficient [A nova secretária é *muito* eficiente]; He worked *very well* [Ele trabalhou *muito bem*]

conjunção palavra invariável que liga outras palavras ou orações, estabelecendo uma relação entre elas: *and* [e], *but* [mas], *whether* [se], *although* [embora]

frase enunciação de sentido completo, podendo ou não incluir um ou mais verbos: *Help!* [Socorro!]; *Good morning!* [Bom dia!]; *What a night!* [Que noite!]; *He came by bus* [Ele veio de ônibus]

oração frase que contém um verbo: *The secretary speaks French* [A secretária fala francês]; *My boss likes working here* [Meu chefe gosta de trabalhar aqui]

parágrafo divisão de um texto escrito composta de frases que mantêm maior relação entre si do que com o restante do texto. O fim de um parágrafo e o início de outro são indicados pela mudança de linha.

período frase que contém uma ou mais orações: *The manager was in London last week* [O gerente esteve em Londres na semana passada]; *We phoned her, but she was not in her office* [Nós telefonamos para ela, mas ela não estava no escritório]

preposição palavra invariável que relaciona dois termos de uma oração: *with* [com], *and* [e], *by* [por]

pronome palavra que substitui um substantivo: *it* [ele ou ela – neutro], *he* [ele], *she* [ela], *they* [eles, elas]

substantivo palavra com que designamos os seres em geral: *man* [homem], *woman* [mulher], *company* [companhia], proposal [proposta], *office* [escritório], *absense* [ausência]

verbo palavra que expressa uma ação, um processo mental ou um estado: *run* [correr], *walk* [andar], *sell* [vender], *buy* [comprar], *think* [pensar], *stand* [permanecer, erguer-se], *be* [ser, estar]

Parte 1
Noções básicas

NOÇÕES BÁSICAS

Para começar a redigir de maneira adequada em inglês, você vai precisar de algumas noções básicas. O melhor ponto de partida são os blocos para construir a escrita: os períodos e os parágrafos. Depois de entender o que são, como funcionam e a melhor maneira de estruturá-los, você poderá avançar para a produção de documentos redigidos com clareza e concisão.

Esta seção inicial explica como escrever orações e períodos adequadamente, de modo que seus documentos se tornem objetivos e fáceis de ler.

Em seguida, examina as palavras empregadas: como escolher as mais adequadas e usá-las de maneira precisa. E também vai desmistificar alguns mitos gramaticais, antes de examinar uma das partes fundamentais dos períodos e parágrafos: a boa pontuação.

Por fim, é apresentado um vocabulário reunindo palavras que muitas vezes são empregadas de maneira equivocada, produzindo erros que podem comprometer sua redação. Compreendendo e conhecendo melhor o que é certo e errado na língua inglesa, você se sentirá mais confiante, o que vai se refletir em sua escrita.

Ao longo de toda esta seção, você encontrará vários exercícios para avaliar seu conhecimento. No final, há um teste envolvendo muitos dos pontos estudados, e você poderá avaliar o que aprendeu.

Orações, períodos e parágrafos

Orações e períodos

Antes de mais nada, o que é uma oração? Você deve estar familiarizado com a definição de que se trata de algo "que começa com letra maiúscula e termina com um ponto-final". Mas essa definição não é precisa. As frases que se seguem atendem a esses dois critérios, mas não são orações:

> *No parking.*
> [Estacionamento proibido.]
>
> *Traditional food purveyor.*
> [Tradicional fornecedor de alimentos.]
>
> *Gentlemen's outfitters.*
> [Fabricantes de roupas masculinas.]

A oração é algo mais complexo. Trata-se de uma construção gramatical que encerra um sentido completo e sempre contém um verbo. Além disso, ela segue as regras tradicionais de gramática, sendo a maior unidade à qual essas regras podem ser aplicadas. (Veremos, mais adiante, que o parágrafo é apenas um conjunto de orações, e não uma construção gramatical.)

O período, por sua vez, é constituído por uma ou mais orações. Quando constituído por uma só oração, é chamado de período simples; quando constituído por mais de uma oração, é chamado de período composto. Em inglês, o período mais curto apresenta um sujeito e um verbo finito (um verbo que exprime uma ação ou um estado), ou seja, é formado por apenas uma oração:

> *Peter cried.*
> [Pedro chorou.]

Peter é o sujeito; *cried* é o verbo.

ORAÇÕES, PERÍODOS E PARÁGRAFOS

A maioria dos períodos simples apresenta um sujeito, um verbo e um complemento:

> *John trimmed the hedge.*
> [João podou a cerca.]

John é o sujeito; *trimmed* é o verbo; *the hedge* é o complemento.

O período composto é formado por mais de uma oração. Veja os exemplos:

> *She arrived at the office, turned on her PC and started working.*
> [Ela chegou ao escritório, ligou seu PC e começou a trabalhar.]
>
> *She said that her computer had a virus that she couldn't identify.*
> [Ela disse que seu computador tinha um vírus que ela não conseguia identificar.]
>
> *She turned on her PC, and said that it was free from viruses.*
> [Ela ligou seu PC e disse que ele estava livre de vírus.]

No primeiro exemplo, cada oração do período tem sentido próprio, nenhuma delas é parte integrante das outras. Esse tipo de oração chama-se coordenada. Quando, como no exemplo, o período só contém orações coordenadas, dizemos que ele é "composto por coordenação".

Já no segundo exemplo, a segunda oração do período (*that her computer had a virus*) não tem sentido próprio, servindo como complemento à primeira oração (*She said*). A terceira oração (*that she couldn't identify*) também não tem sentido próprio, pois apenas faz referência à palavra *virus* da oração anterior. Essas orações que não têm sentido próprio são chamadas de "subordinadas". A primeira oração desse período é chamada de principal, pois é a única que tem sentido próprio. Como as outras duas que a formam são subordinadas, esse período é "composto por subordinação".

No terceiro exemplo, temos três orações: *She turned on her PC, // and said // that it was free from viruses.* As duas primeiras orações são coordenadas, a última é subordinada (complementa o sentido da anterior). Nesse caso, temos um "período composto por coordenação e subordinação".

Exercício

Identifique as orações com ou sem sentido próprio. Confira a resposta na página 219.

1 *The staff took their holidays.*
2 *At the quietest time of the year.*
3 *Holding on to the desk for support.*
4 *Peter stood to make the presentation.*
5 *The office will open at 10 a.m.*
6 *To allow for cleaning.*

Extensão dos períodos

Períodos curtos e concisos permitem uma comunicação mais clara do que períodos de grande extensão. Em geral, os períodos ingleses não devem ter mais do que 15 a 20 palavras. Contudo, embora os períodos curtos transmitam certo vigor e certa urgência, mantendo o leitor atento, uma sucessão de períodos curtos logo se torna repetitiva e monótona. Assim, a solução é a variedade: ao redigir, empregue principalmente períodos curtos, mas também inclua, ocasionalmente, períodos mais longos, para dar mais variedade e fluência a seu texto.

Escrevendo períodos curtos

Existem várias técnicas para transformar períodos longos e monótonos em períodos mais curtos e marcantes. Muitos períodos extensos podem ser divididos com o emprego de orações mais breves. Veja o exemplo:

> *The technology is called the Advanced Dispensing System (ADS) and provides high levels of security for dispensing drugs, while also enabling clinicians to*

> *remotely monitor and, if required, remotely control drug usage in real time.*
> [A tecnologia é conhecida como Sistema Avançado de Prescrição (SAP) e oferece altos níveis de segurança na prescrição de drogas, ao mesmo tempo que permite aos médicos o monitoramento a distância e, se necessário, o controle a distância do uso de drogas em tempo real.]

Esse período em inglês contém 35 palavras. O significado ficaria muito mais claro se ele fosse dividido em dois, apenas transformando a primeira oração em outras duas e acrescentando um sujeito para o verbo no início da segunda oração para que ela tenha sentido próprio.

> *The technology is called the Advanced Dispensing System (ADS). It provides high levels of security for dispensing drugs, while also enabling clinicians to remotely monitor and, if required, remotely control drug usage in real time.*
> [A tecnologia é conhecida como Sistema Avançado de Prescrição (SAP). Ela oferece altos níveis de segurança na prescrição de drogas, ao mesmo tempo que permite aos médicos o monitoramento a distância e, se necessário, o controle a distância do uso de drogas em tempo real.]

Veja este outro exemplo:

> *Resources such as the online InfoBank (only available in supported customers), containing almost 500 technical articles on all aspects of using our software, further assist in our goal of providing all developers with a superior level of support.*
> [Recursos como o InfoBank *online* (disponível apenas para clientes com assistência técnica), contendo quase 500 artigos técnicos a respeito de todos os aspectos

> do uso de nosso *software*, também contribuem para o nosso objetivo de oferecer a todos os usuários um nível superior de assistência.]

Esse período tem 38 palavras e é de difícil compreensão, pois muitas de suas orações não se ligam de maneira natural. Podemos torná-lo mais lógico dividindo-o em dois e alterando a ordem das informações:

> *Resources such as the only InfoBank further assist in our goal of providing all developers with a superior level of support. InfoBank, which is only available to supported customers, contains almost 500 technical articles on all aspects of using our software.*
> [Recursos como o InfoBank também contribuem para o nosso objetivo de oferecer a todos os usuários um nível superior de assistência. O InfoBank, que está disponível apenas para clientes com assistência técnica, contém quase 500 artigos técnicos a respeito de todos os aspectos do uso de nosso *software*.]

Outra maneira de tornar as orações curtas e claras é a eliminação das palavras desnecessárias. Veja este exemplo:

> *An example of financial of advisory services at Jumbo Bank is the provision of these services to low-income households.*
> [Um exemplo de serviço de aconselhamento financeiro do Jumbo Bank é a prestação desse serviço a famílias de baixa renda.]

A oração poderia ser reescrita usando-se 11 palavras, em vez de 18:

> *For example, Jumbo Bank provides financial advisory services to low-income households.*
> [Por exemplo, o Jumbo Bank presta serviço de aconselhamento financeiro a famílias de baixa renda.]

Observe o que foi alterado para tornar a oração mais curta:

- *An example* transformou-se em *For example*.
- O sujeito da oração passou de *An example* para *Jumbo Bank*.
- *The provision* transformou-se em *provides*.
- A repetição da palavra *services* foi eliminada.

Nosso último exemplo apresenta mais uma técnica para evitar os períodos excessivamente longos. Às vezes, um período se torna demasiadamente longo porque contém o que, na verdade, é uma listagem. Nesse caso, ele pode ser abreviado fazendo-se uma lista de fato.

> *The range has many benefits which include corrosion-resistant components and panels, scratch-resistant surfaces, concealed fixings, double-fixed locks to prevent removal, overhead modesty screen to deter peeping Toms and rounded internal corners to aid cleaning.*
> [O conjunto de fogão e coifa apresenta muitas vantagens, que incluem componentes e painéis resistentes à corrosão, superfícies resistentes a arranhões, fixadores ocultos, prendedores de dupla fixação que impedem a remoção, telas superiores ajustáveis para evitar curiosos e cantos internos arredondados para facilitar a limpeza.]

Organizando todos esses itens numa listagem, as vantagens anunciadas ficam muito mais claras:

> *The range has many benefits, which include:*
> - *corrosion-resistant components and panels*
> - *scratch-resistant surfaces*
> - *concealed fixings*
> - *double-fixed locks to prevent removal*
> - *overhead modesty screens to deter peeping Toms*
> - *rounded internal corners to aid cleaning*
>
> [O conjunto apresenta muitas vantagens, que incluem:

- componentes e painéis resistentes à corrosão
- superfícies resistentes a arranhões
- fixadores ocultos
- prendedores de dupla fixação que impedem a remoção
- telas superiores ajustáveis para evitar curiosos
- cantos internos arredondados para facilitar a limpeza]

Exercício

Divida os períodos em partes mais curtas. Confira suas respostas na página 219.

1 *We seek to grow our business by offering innovative leathers which are differentiated from competing products by their performance, quality and consistency and which are backed by the highest standards of customer service.*

2 *Smith's share price is down, sales are under pressure, it has withdrawn some of its promotional activities and the Health Protection Agency has linked the company to an outbreak of a rare strain of salmonella among 45 people by describing it as 'an exact match of that [strain] found in the product'.*

Unindo orações

Embora em geral se obtenha um inglês claro ao usar frases curtas, empregá-las em excesso pode ter como resultado uma redação pobre e pouco requintada. Às vezes, é melhor juntar duas orações curtas para formar uma única mais elaborada.

Observe as seguintes orações:

The cat sat on the desk.
[O gato sentou na mesa.]

The dog ran down the road.
[O cachorro desceu a rua correndo.]

The lorry drove away.
[O caminhão se afastou.]

> *The delegates laughed at their mistakes.*
> [Os delegados riram de seus erros.]
>
> *The trainer wasn't happy.*
> [O instrutor não ficou satisfeito.]
>
> *The observer felt uncomfortable.*
> [O observador sentiu-se constrangido.]

Podemos unir essas orações usando palavras como *and* [e], *but* [mas], *whereas* [enquanto] e *although* [embora]. Palavras desse tipo, que unem orações, são chamadas de conjunções. As que ligam orações coordenadas são chamadas de "conjunções coordenativas"; as que ligam as orações subordinadas recebem o nome de "conjunções subordinativas", mas essas orações também podem se unir por meio de pronomes relativos, tais como *who*, *whom* [que, quem, o qual, a qual, os quais, as quais], *which*, *that* [que, o qual, a qual, os quais, as quais], *whose* [cujo, cuja, cujos, cujas, do qual, da qual, dos quais, das quais], *where* [onde, no qual, na qual, nos quais, nas quais].

Nos exemplos acima, podemos unir as orações desta forma:

> *The cat sat on the desk and the dog ran down the road.*
> [O gato sentou na mesa e o cachorro desceu a rua correndo.]
>
> *The delegates laughed at their mistakes but the trainer wasn't happy.*
> [Os delegados riram dos seus erros, mas o instrutor não ficou satisfeito.]
>
> *The delegates laughed at their mistakes although the observer felt uncomfortable.*
> [Os delegados riram de seus erros embora os observadores se sentissem desconfortáveis.]

Lembre-se de que as orações coordenadas só podem se unir por vírgulas ou por uma conjunção coordenativa. Já as orações subordinadas só podem se unir por meio de conjunção subordinativa ou pronome relativo. Veja os exemplos:

> *The cat sat on the desk, the dog ran down the road but the lorry drove away.*
> [O gato sentou na mesa, o cachorro desceu a rua correndo, mas o caminhão se afastou.]

> *The delegates laughed at their mistakes, although the trainer wasn't happy and the observer felt uncomfortable.*
> [Os delegados riram de seus erros, embora o instrutor não estivesse satisfeito e o observador se sentisse desconfortável.]

> *The delegates who laughed did not realize that the trainer wasn't happy.*
> [Os delegados que riram não perceberam que o instrutor não estava satisfeito.]

Exercício

Junte as orações em períodos. Confira suas respostas na página 219.

1 *It was a bright evening. The birds chirped in the trees.*

2 *It was a bright evening. The birds chirped in the trees. Annie sat in the garden.*

3 *It was a bright evening. The house was dark when they arrived. They turned on the lights.*

4 *We need to develop a new programme which will attract new customers. We need to assure existing clients that this will not affect them.*

5 *We need to develop a new programme which will attract new customers. We need to assure existing clients that this will not affect them. We need to prove this to them.*

Vozes do verbo

Existem três vozes verbais em inglês, assim como em português: ativa, passiva e reflexiva.

Na *voz ativa*, o sujeito pratica a ação verbal. Neste caso, os termos da oração apresentam-se geralmente na seguinte ordem: sujeito + verbo + complemento do verbo (objeto direto). Veja o exemplo:

> *Peter opened his diary.*
> [Peter abriu sua agenda.]

Nesse exemplo, *Peter* é o sujeito; *opened* é o verbo; *his diary* é o objeto direto.

Na *voz passiva*, o sujeito recebe a ação verbal. Neste caso, os termos da oração apresentam-se geralmente na seguinte ordem: sujeito + verbo na voz passiva + agente (da passiva). Observe o exemplo:

> *The diary was opened by Peter.*
> [A agenda foi aberta por Peter.]

Nesse exemplo, *the diary* é o sujeito; *was opened* é a voz passiva do verbo *open*; o agente da passiva é *Peter*.

Na *voz reflexiva*, o sujeito faz e, ao mesmo tempo, recebe a ação verbal.

> *The trainee hurt himself at the office.*
> [O estagiário machucou-se no escritório.]

Nesse exemplo, *the trainee* é o sujeito; *hurt* é o verbo; *himself* é o complemento do verbo (objeto direto).

Em inglês, as orações na voz ativa tendem a ser mais curtas e, em geral, são mais empregadas que as orações na voz passiva. Elas tornam a redação mais clara e sucinta.

Entretanto, há momentos em que o uso da voz passiva ajuda a esclarecer o que se quer dizer. A passiva pode ser usada como forma mais tácita de escrever, não dando destaque ao que não se deseja que seja enfatizado:

Journal entry errors were made in the books.
[Foram cometidos erros no lançamento diário dos livros.]

Usando a ativa (*Our accountant made journal entry errors in the books.*) [Nosso contador cometeu erros no lançamento diário dos livros.], toda a culpa recai sobre determinada pessoa, mas talvez não seja esse o desejo de quem está redigindo. Ao usarmos a passiva, a pessoa permanece anônima e o foco da oração é apenas a admissão de que houve erros.

A passiva também pode ser usada em situações delicadas, como a comunicação com subalternos. Por exemplo, a ativa faria com que esta oração soasse autoritária:

You have not completed your timesheets.
[Você não completou seus cartões de ponto.]

Transformando-a em passiva, o lembrete ou a repreensão soam menos autoritários:

Timesheets have not been completed.
[Os cartões de ponto não foram completados.]

A passiva também pode ser usada para dar ênfase a uma parte importante da oração. Neste exemplo, a sentença ativa dá ênfase à organização que está oferecendo o empréstimo:

We will offer a secured loan to the customer.
[Vamos oferecer um empréstimo com garantia ao cliente.]

Dependendo do contexto, talvez seja importante enfatizar que a oferta refere-se a um empréstimo com seguro. Transformando a oração em passiva, a parte a ser enfatizada vem no começo dela:

A secured loan will be offered to the customer.
[Um empréstimo com garantia vai ser oferecido ao cliente.]

A passiva é frequentemente usada na redação comercial – como, por exemplo, em relatórios –, pois permite que as referências pessoais sejam eliminadas, tornando assim o documento mais impessoal:

✘ *I carried out interviews with 60 shoppers and 30 owners.*

[Fiz entrevistas com 60 lojistas e 30 proprietários.]

✔ *Interviews were carried out with 50 shoppers and 30 owners.*

[Foram feitas entrevistas com 50 lojistas e 30 proprietários.]

✘ *I therefore recommend that the office should be relocated to Swindon.*

[Eu, portanto, recomendo que o escritório seja realocado para a Swindon.]

✔ *It is recommended that the office should be relocated to Swindon.*

[Recomenda-se que o escritório seja realocado para a Swindon.]

Exercício

Reescreva as orações na voz ativa. Confira suas respostas na página 220.

1 *A more concise presentation of ideas need to be organized.*
2 *The evidence has been carefully considered and there seem to be grounds for disciplinary action. The managing director has been informed by letter and his reply is expected on Thursday.*
3 *During the programme, outbound calls will be made to customers to assess their willingness to purchase.*
4 *Data will be collected and presented each month.*

Parágrafo

Parágrafo é um conjunto lógico de períodos. Não há regras gramaticais que determinem a formação de um parágrafo. Ele é identificado visualmente, pela mudança de linha. As orações nele contidas mantêm maior relação entre si do que com o restante do texto.

Em alguns tipos de comunicação escrita – particularmente os ensaios e outros tipos de escritos acadêmicos –, os parágrafos tendem a ser extensos, prolongando-se tanto quanto necessário para completar uma argumentação. Em inglês comercial, contudo, é melhor escrever parágrafos breves e objetivos.

Quando você tiver que definir a extensão de seus parágrafos, leve em consideração o seu leitor. É extremamente desagradável ter que ler longos trechos de texto, sem interrupção, com excesso de informações. Assim, tenha sempre em mente os seguintes pontos:

- Tenha por objetivo um mínimo de dois e um máximo de quatro períodos por parágrafo.
- Evite parágrafos de uma só oração, pois eles soam estranhos e pouco informativos. Se um parágrafo for composto de um único e longo período, tente desmembrá-lo em períodos mais curtos.
- Cuidado com o sentido dos períodos. Verifique se não há uma ruptura lógica entre um parágrafo e outro.
- Um parágrafo longo demais, composto de vários períodos, pode confundir o leitor. Se for o caso, tente dividi-lo, acrescentando após cada quebra, se necessário, uma palavra ou uma frase introdutória para restabelecer a fluência.

Observe este exemplo:

> *Looking to the future, work moves on apace with the plans for rebuilding the school. There is a very tight work schedule, to meet a deadline to submit full curriculum and rooming analyses to the Department for Education and Skills by 31 March, and at the same time the architects must submit working drawings. At*

this stage, the Government will give firm approval to proceed and we shall then be setting up a range of working and consultation groups to define the vision for the new school. We already have student groups forming to shadow the design team, including project management, design and alternative energy, and will be seeking to draw support from a range of stakeholders, including parents, governors and the wider community, to help us in this important work. Two things are certain: firstly, that in three years' time the tired buildings in which we now work will be about to pass into history, and secondly, our commitment to ensuring we keep focused on the needs of our current students in the intervening period remains absolute.

[Com vistas ao futuro, avançam rapidamente os planos para a reconstrução da escola. O cronograma de trabalho, com um prazo para ser cumprido, é demasiadamente apertado para que se apresentem análises completas e currículos do pessoal ao Departamento de Educação e Artes até 31 de março, e, ao mesmo tempo, os arquitetos precisam apresentar seus projetos. Nessa fase, o governo dará total aprovação ao andamento dos trabalhos, e nós, então, formaremos uma série de grupos de trabalho e consulta para a definição da nova escola. Já temos grupos de estudantes que acompanharão a equipe de projetistas, inclusive o gerenciamento de projeto, o *design* e a energia alternativa, e buscarão o apoio de uma variedade de colaboradores, entre eles os pais, os governantes e a comunidade como um todo para nos ajudar nesta importante tarefa. Duas coisas estão certas: primeiro, que em três anos o edifício superado em que agora trabalhamos passará para a história; e, segundo, nosso compromisso garantindo que continuaremos concentrados nas necessidades de nossos alunos atuais durante o atual período de trabalho permanecerá inquestionável.]

Sem dúvida, este parágrafo é assustadoramente longo. Precisa ser simplificado para ser mais claro. Isso pode ser obtido por meio de uma divisão do todo em três parágrafos, bem como pela simplificação de algumas orações:

> *Looking to the future, work moves on apace with the plans for rebuilding the school. There is a very tight work schedule, to meet a deadline to submit full curriculum and rooming analyses to the Department for Education and Skills by 31 March, and at the same time the architects must submit working drawings.*
>
> *Following this, the Government will give firm approval to proceed and we shall then be setting up a range of working and consultation groups to define the vision for the new school. We already have student groups forming to shadow the design team, including project management, design and alternative energy, and will be seeking to draw support from a range of stakeholders, including parents, governors and the wider community, to help us in this important work.*
>
> *Two things are certain. Firstly, in three years' time the tired buildings in which we now work will be about to pass into history. Secondly, our commitment to ensuring we keep focused on the needs of our current students in the intervening period remains absolute.*

Agora que foi dividido em trechos menores, o texto ficou muito mais fácil de ser lido.

Exercício

Divida o parágrafo em parágrafos menores. Confira sua resposta à página 220.

For a consulting company dedicated to improving healthcare through quality and business analysis, it was critical to find a flexible, reliable and low-cost solution that could grow with their needs. As a result of the Instorage architecture, which uses standard Ethernet switching for host and storage array connectivity, DHS achieves much better performances than its previous DAS environment. The scalable Instorage solution enables DHS to expand the IP SAN using in-house resources. As a result, researchers have faster and more reliable access to data, enabling them to process and analyze patient records and test results more effectively. In addition, the company can start more research projects without concerns about storage capacity.

Estrutura do parágrafo

Agora que já definimos o parágrafo, vamos discutir algumas formas de torná-lo mais eficaz. Uma das maneiras simples de redigir um parágrafo é apresentar primeiro a ideia principal e, em seguida, desenvolvê-la com argumentos ou fatos. Vejamos um exemplo:

> *Our range of partitions offers clear advantages over other, similar systems. It is particularly suited to swimming-pool changing rooms. Every element is water-resistant and will not degrade in a wet environment.*
>
> [Nossa variedade de divisórias oferece claras vantagens com relação a outros sistemas similares. Elas são particularmente recomendadas para vestiários de piscinas. Todos os elementos são resistentes à água e não se deterioram com a umidade.]

O parágrafo começa com uma afirmativa na primeira oração, oferece um exemplo dessa afirmativa na segunda oração e confirma esse exemplo com fatos no período que se segue.

Um parágrafo é eficaz quando as orações que o compõem se interligam e estão relacionadas com a principal ideia apresentada. Uma boa maneira de construir um parágrafo adequado é enumerar os diferentes pontos que apoiam a principal argumentação apresentada pelo parágrafo.

Este parágrafo apresenta uma ideia principal e vários argumentos que a apoiam, mas eles não se concatenam de maneira clara:

> *Our range of partitions offers clear advantages over other, similar systems. It is particularly suited to swimming-pool changing rooms: every element is water-resistant and will not degrade in a wet environment. It is vandal-resistant and can withstand hammer and knife attack. It is available in a range of colours and finishes to suit even the most adventurous design scheme.*
>
> [(...) Resistem ao vandalismo e suportam golpes de martelo e faca. Estão disponíveis em uma grande variedade de cores e acabamentos que se harmonizam com os projetos mais ousados.]

Agora veja como é possível ajudar o leitor a entender a argumentação de maneira mais clara acrescentando palavras que enumeram os diferentes pontos de apoio:

> *Our range of partitions offers clear advantages over other, similar systems.* ***Firstly*** [Em primeiro lugar], *it is particularly suited to swimming-pool changing rooms: every element is water-resistant and will not degrade in a wet environment.* ***Secondly*** [Em segundo lugar], *it is vandal-resistant and can withstand hammer and knife attack. And,* ***finally*** [por fim], *it is available in a range of colours and finishes to suit even the most adventurous design scheme.*

Uma forma alternativa de fazer com que as orações fluam de maneira mais natural é o uso de advérbios que estabeleçam uma ligação entre elas.

> *Our range of partitions offers clear advantages over other, similar systems. It is particularly suited to swimming-pool changing rooms: every element is water-*

-resistant and will not degrade in a wet environment. ***In addition*** [Além disso], *it is vandal-resistant and can withstand hammer and knife attack. It is* ***also*** [também] *available in a range of colours and finishes to suit even the most adventurous design scheme.*

Por fim, um comentário ou sumário ao final do parágrafo aumenta sua força:

> *Our range of partitions offers clear advantages over other, similar systems. Firstly, it is particularly suited to swimming-pool changing rooms: every element is water-resistant and will not degrade in a wet environment. Secondly, it is vandal-resistant and can withstand hammer and knife attack. And, finally, it is available in a range of colours and finishes to suit even the most adventurous design scheme. In short, it combines style, strength and long-term use.* [Em suma, elas combinam estilo, resistência e uso prolongado.]

Lembretes

- Uma oração deve ter sentido próprio. Para isso, é preciso que ela contenha um sujeito e um verbo numa forma finita.
- Uma oração subordinada não tem sentido próprio. Ela completa uma oração principal, unindo-se a esta por meio de uma conjunção subordinativa ou de um pronome relativo.
- Tente escrever orações com até 20 palavras, mas também empregue orações mais longas em sua redação.
- As orações coordenadas podem se unir por meio de vírgula ou de conjunções coordenativas.

- Prefira as orações na voz ativa, a menos que haja motivo para usar a passiva.
- Parágrafos são estruturas que ajudam a guiar o leitor pelo texto.
- Procure escrever de dois a quatro períodos curtos em cada parágrafo.

Uma redação clara e eficaz

A boa comunicação escrita depende das palavras e orações que usamos. A clareza e o efeito melhoram muito quando temos cuidado com o vocabulário. Além disso, eliminando a redundância e a pomposidade, nosso texto ficará mais acessível ao leitor. Esta seção examina as diferentes maneiras de tornar sua redação em inglês mais clara e efetiva.

A melhor palavra

A escolha das palavras certas torna sua redação mais efetiva e o ajuda a se comunicar de maneira mais precisa. Reflita sobre cada palavra que vai selecionar. Em inglês, é sempre preferível usar palavras mais curtas. Assim, embora as palavras latinas lhe sejam mais familiares, procure evitá-las, mesmo que possam conferir certa sofisticação à sua redação. O leitor médio de língua inglesa sempre prefere o equivalente anglo-germânico dessas palavras.

Observe os pares de palavras da lista abaixo. As palavras de cada par têm o mesmo significado, mas as da primeira coluna são mais longas e de origem latina. As da segunda coluna são mais curtas e quase todas de origem não latina. Sempre será possível usar as duas, mas, em caso de dúvida, prefira a palavra mais simples e de origem anglo-germânica:

accomplish	*do*	realizar, fazer
additional	*more*	adicional
advantageous	*helpful*	vantajoso
anticipate	*expect*	aguardar
apparent	*clear*	claro

benefit	*help*	ajudar
capability	*ability*	habilidade
component	*part*	peça
concerning	*about*	a respeito de
contains	*has*	contém, tem
demonstrate	*show*	mostrar
desire	*want*	desejar, querer
determine	*decide*	decidir
employ	*use*	empregar, usar
establish	*prove*	estabelecer, provar
evident	*clear*	evidente, claro
fabricate	*make*	fabricar, fazer
facilitate	*help*	facilitar
finalize	*finish*	terminar
impacted	*affected*	afetado
implement	*carry out*	executar
modify	*change*	modificar, mudar
perform	*do*	fazer
permit	*let*	deixar, permitir
possess	*own*	possuir
proceed	*start*	iniciar
provide	*give*	oferecer, dar
purchase	*buy*	comprar
require	*need*	precisar
reside	*live*	morar
submit	*hand over*	submeter
transmit	*send*	transmitir, enviar
utilize	*use*	usar, utilizar
verify	*confirm*	verificar, confirmar

Exercício

Use palavras mais simples para reescrever estes períodos. Confira suas respostas nas páginas 220-1.

1 *I telephoned you concerning the folder I purchased from you, and which I need to submit to my committee tomorrow.*
2 *It would be advantageous for us to finalize the project: we can modify it at a date to be determined later.*
3 *They transmitted the invoice by fax, with additional information, but it was evident that they hadn't implemented the changes.*
4 *It would be of benefit to us if you could perform the repairs by employing the latest components.*
5 *The holidays impacted on our plans but this demonstrated we needed additional staff.*

Jargão

O jargão se refere a palavras ou expressões usadas por determinados grupos de pessoas ou profissionais. Portanto, nem sempre será impróprio em inglês comercial. O principal é saber se o leitor compreenderá o jargão que você usará.

Se estiver escrevendo para pessoas que trabalham na mesma área profissional que você, o jargão poderá ser extremamente útil, pois será entendido por seus leitores e a comunicação será mais efetiva. Mas, se os leitores não o compreenderem – ou se você estiver em dúvida quanto a isso –, não use o jargão. Se estiver escrevendo para um público misto, use os termos técnicos com cuidado. Será interessante apresentar as definições dos termos técnicos em um glossário.

Toda área profissional tem seu próprio jargão. Por exemplo, é perfeitamente aceitável que a indústria ferroviária fale em *clockface timetable*. Para as pessoas dessa área, essa é uma maneira clara de expressar um conceito já estabelecido (o de que os trens sempre estão atrasados ou adiantados os mesmos minutos com relação ao horário). Contudo, para quem não é da área, o termo não tem nenhum significado e precisa ser esclarecido.

Os exemplos mais notórios de jargão talvez procedam da área de telecomunicações. Este parágrafo, com vários termos específicos, foi extraído de um artigo técnico:

> *When callers telephoned the 0990 number, they were routed via DSN to the BT Bristol exchange. Here they were connected via a CAM switch to Callnet's automated call bureau in Swindon. They were initially met with carefully-scripted IVR.*
> [Quando os usuários discavam o número 0990, eram direcionados, via DSN (*Data Source Name* – Nome de Fonte de Dados), para a conexão do grupo BT de Bristol. Dali, eram conectados por um *switch* de memória CAM para a central de chamadas automatizadas da Callnet em Swindon. Então ouviam uma IVR (*Interactive Voice Response* – Resposta Interativa de Voz) cuidadosamente gravada.]

Como esse artigo destina-se a profissionais das telecomunicações, o uso do jargão é aceitável. Menos aceitável é a intromissão do jargão em textos não técnicos.

Gíria, preciosismo e clichês

Embora o jargão possa, ocasionalmente, ter lugar na linguagem dos negócios, há alguns tipos de linguagem que devem sempre ser evitados:

- A **gíria** é usada em linguagem informal, sendo caracterizada por idiomatismos inventivos, porém mais efêmeros que os da linguagem tradicional. É adotada por diferentes grupos sociais que têm características próprias, entre os quais se incluem os profissionais, o que torna a gíria, muitas vezes, sinônimo de jargão.
- **Preciosismo** é uma palavra ou expressão pretensamente culta, que muita gente adota achando que está causando boa impressão. Em inglês, podemos citar *best of breed* (literalmente,

"o melhor da espécie"), que é exatamente igual a *best*, *leading* [o melhor, o principal].

- **Clichê** é uma frase, geralmente rebuscada, que se torna banal devido à repetição excessiva, sendo também conhecido como "chavão" ou "lugar-comum". Exemplos, em inglês, são *at this moment in time*, que deve ser substituído por *now* [agora], e *put on the back burner*, que equivale a *postpone* [adiar].

Uma lista prática

Aqui estão alguns exemplos de jargão, gíria, preciosismo e clichê que devem ser evitados. Em muitos casos, eles podem ser substituídos por uma expressão mais simples:

all things considered	*in short*	em suma, resumindo
at this moment in time	*now*	agora
backlash	*reaction, counterattack*	reação, contra--ataque
ballpark figure	*estimate*	estimativa
bandwidth	*capacity, resources*	capacidade, recursos
best of breed	*best, leading*	o melhor, o principal
bleeding edge	*the most advanced*	o mais avançado (moderno)
blend together	*blend*	
blue-sky thinking	*original thinking*	pensamento (ideia) original
bulletize	*use bullets*	usar balas
clamp down	*tighten up on*	controlar, limitar
crackdown	*attack*	ataque, atacar
crunch	*crisis*	crise

customer-centric	*putting the customer first*	concentrado no cliente
cutting edge	*very advanced*	muito avançado (moderno)
de-risk	*remove the risk*	eliminar o risco
downsize	*reduce in size*	reduzir o tamanho
drill down	*look at in more detail*	examinar mais detalhadamente
fact of the matter	*the main point*	o ponto principal
fighting for his life	*critically ill or injured*	seriamente doente ou machucado
go the whole nine yards	*go beyond expectations*	ir além das expectativas
helicopter view	*an overview*	uma vista geral
human capital	*staff*	pessoal, quadro de funcionários
in respect of	*about*	a respeito de
in terms of	*for*	para, em termos de
last but not least	*last*	último
link together	*link*	ligar, unir
mission-critical	*essential*	essencial
move the goalposts	*change the requirements*	mudar as regras (exigências)
plug and play	*plug in and it's ready for use*	plugue e está pronto para usar
put on the back burner	*postpone*	adiar, postergar
reinventing the wheel	*unnecessary repetition of work*	repetição desnecessária de um trabalho
quantum leap	*significant step*	avanço importante
remuneration package	*salary and other benefits*	salário e outros benefícios

re-skilling	*retraining*	novo treinamento
restructuring	*making redundancies*	cometer redundâncias
singing from the same hymn sheet	*in agreement*	de acordo, em harmonia
skill set	*skills*	habilidades, competências
state of the art	*latest*	o mais novo (recente)
take offline	*discuss on another occasion*	discutir em outra ocasião
thinking outside the box	*lateral thinking*	pensamento paralelo
water under the bridge	*in the past*	(no) passado

As seguintes palavras e expressões podem ser totalmente omitidas sem que o sentido fique comprometido:

actually	na verdade
as a matter of fact	de fato, na verdade
at the end of the day	no final do dia, no fim das contas
basically	basicamente
in actual fact	na verdade
in point of fact	na verdade, de fato
to all intents and purposes	para todos os fins e propósitos
to be fair	para dizer a verdade, para ser justo
when all's said and done	quando tudo estiver dito e feito

Pleonasmos

Pleonasmo é o uso de palavras ou expressões redundantes, ou seja, completamente inúteis, pois nada acrescentam ao que foi dito. Em português, temos "subir para cima", "ver com os olhos", "sair para fora" etc. Estes são os chamados "pleonasmos viciosos", que devem ser evitados. Mas há os pleonasmos que reforçam e enfatizam certas ideias, como por exemplo "vi com meus próprios olhos"; e pleonasmos do tipo literário, como o famoso exemplo de Camões: "Desceram-no a ele da elefanta."

A seguinte lista apresenta exemplos de pleonasmos ingleses que, ocasionalmente, se infiltram na linguagem comercial e precisam ser evitados:

absolute truth	"verdade absoluta" (uma coisa é ou não é verdadeira)
actual fact	"fato real" (um fato é sempre a expressão de uma verdade)
added bonus	"bônus extra" (um bônus é sempre algo a mais)
advance notice	"notificação antecipada" (uma notificação é algo que sempre se faz com antecedência)
ATM machine	ATM significa "Automated Teller Machine" (literalmente, "Máquina Automatizada para Consulta", ou seja, caixa eletrônico). Assim, a palavra "machine" se faz desnecessária
basic principle	"princípio básico" (todo princípio é algo fundamental)
cancel out	o advérbio *out* é pleonástico. Deve-se usar apenas *cancel* [cancelar]

close proximity	"proximidade próxima". Deve-se usar apenas *proximity*
currently pending	"atualmente pendente". Se algo está pendente, é porque essa pendência está ocorrendo no presente
divide up	a preposição *up* é pleonástica. Use apenas *divide* [dividir]
end result	"resultado final" (um resultado é sempre o fim de um processo)
established fact	"fato concreto" (todo fato é algo de ocorrência efetiva)
essential prerequisite	"pré-requisito essencial" (as duas palavras significam a mesma coisa, ou seja, algo que não pode faltar)
first began	"começou pela primeira vez" (se algo começou, é porque não havia ocorrido antes)
foreign imports	"importações estrangeiras" (tudo o que é importado vem do exterior)
forward planning	"planejamento para o futuro" (não se pode planejar para o passado)
free gift	"oferta gratuita" (não se cobra pelo que é ofertado)
future prospects	"perspectivas futuras" (se algo é uma perspectiva, é porque ainda não ocorreu)
general consensus	"consenso geral" (consenso já implica que seja geral)
grateful thanks	"agradecimentos gratos" (a redundância é evidente)
head up	o advérbio *up* é redundante. Deve-se dizer apenas *head* [rumar, avançar]

impacted on	deve-se usar apenas "impacted" [provocou impacto] ou "had an effect on" [teve efeito sobre].
joined together	"uniu juntos" (deve-se usar apenas *joined*)
LCD display	LCD significa "Liquid Crystal Display" (Visor de Cristal Líquido, não é preciso repetir *display*)
necessary requirement	"exigência necessária" (se algo é exigido, é necessário)
new innovations	"novas inovações" (toda inovação é algo novo)
new starter	"novo iniciante" (quem está iniciando algo é porque é novo nessa área)
no other alternative	"nenhuma outra alternativa" (deve-se dizer apenas "no alternative" [nenhuma alternativa]
original founders	"fundadores originais" (um fundador é sempre original, o primeiro)
past history	"história passada" (o futuro ainda não pode ser considerado história)
physically located	"fisicamente localizado" (a localização é sempre física)
PIN number	PIN significa *personal identification number* (número de identificação pessoal), portanto não é preciso repetir a palavra *number*
really unique, very unique	"realmente único", "muito único" (por natureza esse adjetivo não admite grau)
reason why	"a razão por que" (explica-se apenas a razão de algo, ou por que algo aconteceu). Veja os exemplos: *This*

	was the reason of my quitting [Esta foi a razão de minha demissão]; *He didn't tell us why he quit.* [Ele não nos contou por que se demitiu.]
reduce down	o advérbio *down* é redundante. Deve-se dizer apenas *reduce* [reduzir].
still remains	o advérbio *still* [ainda] é redundante. Deve-se dizer apenas *remains* [permanece].
vital necessity	"necessidade vital" (tudo o que é necessário é vital)

Vale a pena lembrar duas palavras muito empregadas em inglês e às quais, com frequência, se associam palavras redundantes: *situation* e *problem*. Veja os exemplos:

There is an ongoing crisis situation.
[No momento há uma situação de crise em andamento.]

He has an ongoing injury problem.
[Atualmente ele está com um problema de ferimento.]

Nos dois casos, as palavras redundantes podem ser eliminadas em favor da simplicidade e da clareza:

There is a crisis.
[Há uma crise.]

He has an injury.
[Ele está com um ferimento.]

Exercício

Elimine as redundâncias das orações. Confira suas respostas na página 221.

1 *Entrance is restricted to ticket-holders only: the reason is because of lack of forward planning caused by the ongoing crisis situation.*
2 *In past history, new innovations have been an essential prerequisite.*
3 *There is no other alternative. The general consensus is that future prospects will divide up the nation.*
4 *The free gift was an added bonus; we offered our grateful thanks.*
5 *Everyone was unanimous: the plate was quite perfect.*

A ação deve ficar com o verbo

Uma fonte comum de redundância é o uso de um substantivo para desempenhar a função de um verbo. Observe os exemplos:

> *The proposal was given as a submission to the management team.*
> [A proposta foi apresentada para exame à equipe de gerenciamento.]
>
> *We believe she took the decision to go.*
> [Acreditamos que ela tomou a decisão de ir.]

As frases *was given as a submission* e *took the decision*, na verdade, significam respectivamente *was submitted* [foi submetida] e *decided* [decidiu]. Nos dois casos, o autor fez um substantivo desempenhar a função de verbo. Ao restabelecer o verbo como expressão da ação, podemos tornar as sentenças mais curtas e mais precisas:

> *The proposal was submitted to the management team.*
> [A proposta foi submetida à equipe de gerenciamento.]
>
> *We believe she decided to go.*
> [Acreditamos que ela decidiu ir.]

Em inglês, muitas vezes ocorre esse deslocamento da ação do verbo para um substantivo, pois essa construção parece ter mais peso e pomposidade, mas ela apenas emprega várias palavras que um simples verbo pode substituir.

Aqui estão mais exemplos desse emprego do substantivo para exprimir a ação. Em todos os casos, o melhor é empregar o verbo:

to make advancement [fazer avanço]	*to advance* [avançar, progredir]
to make an agreement [fazer um acordo]	*to agree* [concordar]
to give consideration to [dar consideração a]	*to consider* [considerar]
to make delivery of [fazer entrega de]	*to deliver* [entregar]
to carry out evaluations [fazer avaliações]	*to evaluate* [avaliar]
to give an indication of [dar uma indicação de]	*to indicate* [indicar]
to carry out a launch [efetuar um lançamento]	*to launch* [lançar]
to make a proposition [fazer uma proposta]	*to propose* [propor]
to make reductions [efetuar reduções]	*to reduce* [reduzir]
to make recommendations [fazer recomendações]	*to recommend* [recomendar]
to make a resolution [efetuar uma resolução]	*to resolve* [resolver]
to find a solution to [encontrar uma solução para]	*to solve* [solucionar]
to have a tendency to [ter tendência a]	*to tend to* [tender a]

Exercício

Reescreva as orações de forma mais clara. Confira suas respostas na página 221.

1 *We know that he will make delivery of the package on Tuesday.*
2 *When we met with him, he put in a proposition to change the name.*
3 *With effect from today's date, all ideas should be made as submissions to the management team.*
4 *The team then held a discussion about seating arrangements.*
5 *Callit carried out the launch of the new product in Amsterdam.*

Linguagem pomposa

Ao escrever, muitas vezes não se percebe que algumas palavras de certas expressões são desnecessárias. As seguintes expressões (primeira coluna) devem ser substituídas por suas formas mais simples (segunda coluna):

and also [e também]	*and* [e]
as to whether [quanto a se]	*whether* [se]
at this moment in time [no presente momento]	*now* [agora]
because of the fact that [devido ao fato de que]	*because* [porque]
have the ability to [ter a habilidade de]	*be able to* [ser capaz de]
in the event that [no caso de]	*if* [se]
be located [ficar situado]	*be* [situar-se]

meet with [encontrar com]	*meet* [encontrar]
on a daily base [numa base diária]	*daily* [diariamente]
outside of [fora de]	*outside* [fora de (em português a preposição *de* é necessária)]
owing to the fact that [devido ao fato de que]	*because* [porque]
prior to [anteriormente a]	*before* [antes]
take control of [assumir o controle de]	*control* [controlar]
with a view to [com vista a]	*to* [para]
with effect from today's date [com efeito a partir da data de hoje]	*from today* [a partir de hoje]

Ambiguidade e falta de clareza

O objetivo da comunicação é que seu receptor perceba com clareza a mensagem do emissor. A redação descuidada pode muitas vezes levar à ambiguidade (o receptor pode interpretar a mensagem diferentemente da intenção original do emissor). Quando se escreve um texto, é preciso relê-lo com atenção para que nenhuma ambiguidade possa comprometê-lo.

Veja o exemplo:

> *A piano is being sold by a lady with carved legs.*
> [Um piano está sendo vendido por uma senhora de pernas entalhadas.]

A frase *with carved legs* parece referir-se à senhora, e não ao piano vendido por ela. Para eliminar a ambiguidade, poderíamos usar as seguintes construções:

> *A piano with carved legs is being sold by a lady.*
> [Um piano de pernas entalhadas está sendo vendido por uma senhora.]
>
> *A piano, which has carved legs, is being sold by a lady.*
> [Um piano, que tem pernas entalhadas, está sendo vendido por uma senhora.]
>
> *A lady is selling a carved-leg piano.*
> [Uma senhora está vendendo um piano de pernas entalhadas.]

Também existe ambiguidade na seguinte oração:

> *The committee made recommendations for educational reforms in 2011.*
> [O comitê recomendou reformas educacionais em 2011.]

O que o emissor está querendo dizer? Será que *in 2011* refere-se a quando o comitê fez suas recomendações ou a quando as reformas devem ser executadas? Conforme a interpretação, estas deveriam ser as construções usadas:

> *In 2011, the committee made recommendations for educational reforms.*
> [Em 2011, o comitê recomendou reformas educacionais.]
>
> *The committee made recommendations for educational reforms to take place in 2011.*
> [O comitê recomendou reformas educacionais a serem executadas em 2011.]

Siga estes conselhos para evitar a ambiguidade em sua redação comercial:

UMA REDAÇÃO CLARA E EFICAZ

- Sempre releia o que você escreve, para se certificar de que seu texto não comporta nenhuma ambiguidade.
- Estruture suas orações de forma simples e clara.
- Se achar que sua redação não está clara, acrescente (ou retire) o que se fizer necessário à clareza.
- Nunca pressuponha que o receptor entenderá o que você quer dizer; em caso de dúvida, refaça sua redação.
- Submeta sua redação à apreciação de outras pessoas: elas podem interpretar seu texto de maneira diferente.

Lembretes

- Use sempre palavras simples.
- Evite jargão, gíria e clichê.
- Não use várias palavras quando apenas uma pode expressar o desejado.
- Use verbos, e não substantivos, para descrever uma ação.
- Não use expressões que soem pomposas.
- Releia sempre seu texto, ou peça a um colega que o faça, para garantir que ele está redigido de maneira clara e precisa.

Dúvidas frequentes

Em nenhuma língua as regras gramaticais são absolutas. Muitas gramáticas inglesas ainda fazem prescrições que a prática já não respeita. Com frequência essas prescrições acabam confundindo quem tem que escrever em inglês, principalmente as pessoas que não são falantes nativas. Esta seção vai procurar esclarecer as principais dessas dúvidas.

Pode-se começar uma oração com a conjunção *And*?

Não há nada de errado em iniciar uma oração com *And*. Aliás, muitas vezes isso até contribui para a melhoria de uma redação.

Compare estes dois parágrafos:

> *This breakthrough harnesses our unique technology, which draws on an everyday principle of how light travels through glass. We've applied this to develop a touchscreen which eliminates the need for special glass, coatings, moving parts or exposed elements. Our screens will also continue to perform even in the harshest environments, ensuring maximum return on investment.*
>
> [Esta inovação resulta de nossa tecnologia única, que se baseia no princípio de como a luz viaja através do vidro. Aplicamos este princípio para desenvolver uma divisória que elimina a necessidade de vidro especial, revestimentos, peças móveis ou elementos expostos. Nossas divisórias garantirão seu desempenho mesmo nos ambientes mais desfavoráveis, assegurando o máximo de retorno a seu investimento.]
>
> *This breakthrough harnesses our unique technology, which draws on an everyday principle of how light*

travels through glass. We've applied this to develop a touchscreen which eliminates the need for special glass, coatings, moving parts or exposed elements. ***And*** *our screens will continue to perform even in the harshest environments, ensuring maximum return on investment.*

O primeiro exemplo está absolutamente correto. Mas, no segundo exemplo, o uso de *And* para introduzir a oração final enfatiza as vantagens efetivas do produto. E é gramaticalmente correto.

Pode-se começar uma oração com a conjunção *But*?

É perfeitamente correto iniciar uma oração com *But*, o que, aliás, poderá tornar seu texto mais dinâmico.

Veja este exemplo:

> *The changing rooms are on the side of the pool, which makes them convenient for users. This means, of course, that they are more exposed to the humidity and chemicals common in pool environments and which can affect many conventional cubicle elements.* ***But not now****: the Marathon system has been specifically designed to overcome this.*
> [Os vestiários estão situados nas laterais da piscina, o que é conveniente para os usuários. É claro que isso significa que esses vestiários ficam mais expostos à umidade e aos elementos químicos comumente encontrados ao redor das piscinas e que podem afetar muitos componentes dos vestiários. **Mas agora isso não acontece**: o sistema Marathon foi projetado especificamente para evitar esse problema.]

O uso de *But* no início do último período cria impacto, enfatizando a eficácia do sistema anunciado – e é gramaticalmente correto.

Pode-se iniciar uma oração com a conjunção *However*?

É possível começar uma oração com *However*, como neste exemplo:

> *We would take the burden of administration for the scheme: application form creation, form sifting, applicant contact, liaison with judges, etc., so please don't worry about it causing a lot of extra work for you and your team. **However**, we would of course keep you involved and would like to involve you in strategic decisions and planning at every stage.*
> [Assumiremos o encargo de administrar o esquema de solicitação para a criação e análise de formulário, contato com o solicitante, ligação com juízes etc.; portanto, não se preocupe quanto à possibilidade de muito trabalho extra para você e sua equipe. Contudo, é claro que gostaríamos que você fizesse parte desse processo, e que participasse de decisões e planejamentos em todas as suas etapas.]

O uso de *However* no início do último período enfatiza o desejo de que o cliente participe do processo e se mostra mais eficaz do que se estivesse no meio do período:

> *We would of course keep you involved, however, and would like to involve you in strategic decisions and planning at every stage.*
> [É claro que gostaríamos que você, contudo, fizesse parte desse processo e gostaríamos que participasse de decisões e planejamentos em todas as etapas.]

É possível inserir um advérbio no meio de um infinitivo?

O exemplo mais conhecido dessa inserção provém da série de televisão *Star Trek*, no Brasil conhecida como *Jornada nas estrelas*:

> *To boldly go where no man has gone before.*
> [Ir corajosamente até onde nenhum homem já foi.]

Em inglês, o infinitivo é a forma do verbo precedido de "to": *to go*, *to come*, *to be* etc. O advérbio *boldly* divide o infinitivo, criando o chamado *split infinitive* (infinitivo dividido). Os puristas afirmam que essa inserção nunca deve acontecer, mas não existe explicação lógica para isso. Essa afirmação se baseia na gramática latina, em que o infinitivo é expresso por uma única palavra e não pode ser dividido. Mas inglês não é latim.

Por vezes, um *split infinitive* pode deixar mais claro o sentido da oração, como neste exemplo:

> *The company wants to more than triple the number of staff over ten months.*
> [A companhia deseja mais que triplicar o número de funcionários num período de dez meses.]

Pode-se usar vírgula antes da conjunção *and*?

A vírgula antes da conjunção aditiva *and* [e] é perfeitamente aceitável em inglês. Um detalhe desse emprego será tratado na página 50.

Pode-se terminar uma oração com preposição?

A preposição estabelece uma relação entre duas palavras. Exemplos de preposição são *on* [sobre; a respeito de; em], *with* [com], *after* [depois de], *for* [para] e *in* [em].

Alguns fazem objeção a construções como estas:

> *This is something we must invest in.*
> [Isto é algo em que devemos investir.]
>
> *He admired some of the campaigns I worked on.*
> [Ele admirou algumas das campanhas em que trabalhei.]

Os puristas argumentam que elas deveriam ser escritas assim:

> *This is something in which we must invest.*
>
> *He admired some of the campaigns on which I worked.*

Essas construções aproximam-se mais de seus equivalentes em português. Mas nem sempre é possível empregá-las. Veja o exemplo:

> *She had forgotten which page she was up to.*
> [Ela havia esquecido em que página estava.]

Nesse caso, a construção latina soaria estranha para um falante de inglês:

> *She had forgotten up to which page she was.*

Na verdade, a construção com a preposição no final da oração está se tornando cada vez mais comum em inglês. Portanto, não hesite em empregá-la.

Pontuação

A pontuação é de extrema importância para a clareza e a objetividade de uma redação. Esta seção vai ensiná-lo a usar corretamente os diferentes sinais de pontuação empregados pela língua inglesa.

Apóstrofo

Em inglês, o apóstrofo é extremamente importante para a clareza de uma oração, devido às várias formas contraídas que esse sinal gráfico indica. Observe as seguintes palavras:

> *ill* [doente], *shell* [concha], *well* [bem, poço], *hell* [inferno], *were* [passado simples do verbo to be]

O sentido dessas palavras muda completamente se a elas é acrescentado um apóstrofo em determinadas posições:

> *I'll (I will)* [primeira pessoa do singular com auxiliar de futuro], *she'll (she will)* [terceira pessoa do singular feminina com auxiliar de futuro], *he'll (he will)* [terceira pessoa do singular masculina com auxiliar de futuro], *we're (we are)* [nós somos ou estamos]

Agora observe estas frases:

> *the bands on stage*
> [as bandas no palco]
>
> *the band's on stage*
> [a banda está no palco]

No primeiro exemplo, sem o apóstrofo, *bands* é plural e se refere a mais de uma banda no palco num determinado momento. No segundo exemplo, *band's* é a contração de *band is* e se refere a apenas uma banda.

Usos do apóstrofo

Em inglês, o apóstrofo tem dois usos:

- para indicar contração
- para indicar posse (caso possessivo)

Em primeiro lugar, o apóstrofo pode ser usado para substituir algo que foi omitido (uma ou mais letras). O restante agrupa-se em torno do apóstrofo. Assim, *it is* se torna *it's*, e *who will* transforma-se em *who'll*.

> *It's time to go home.*
> [Está na hora de ir para casa.]
>
> *Who'll chair the meeting?*
> [Quem presidirá a reunião?]

O apóstrofo também é usado para indicar que, ao se escrever um ano ou uma década, alguns números foram omitidos:

> *the summer of '96*
> [o verão de 1996]
>
> *We experienced major growth throughout the '90s.*
> [Tivemos um importante crescimento durante a década de 1990.]

Em segundo lugar, o apóstrofo também é usado para indicar que algo pertence a alguém ou a alguma coisa:

> *the lady's handbag* (*the handbag belonging to the lady*)
> [a bolsa da senhora – a bolsa que pertence à senhora]
>
> *the boy's books* (*the books belonging to the boy*)
> [os livros do rapaz – os livros que pertencem ao rapaz]

O apóstrofo também se faz presente em muitas expressões que indicam um período de tempo, tais como:

> *one week's holiday*
> [férias de uma semana]

two years' experience
[experiência de dois anos]

three months' notice
[anúncio de três meses]

Posição do apóstrofo

Quando o apóstrofo indica posse, a melhor maneira de conferir se ele está na posição correta é fazer uma paráfrase da expressão. Se mudarmos *the boy's books* para *the books belonging to the boy*, confirma-se que estamos falando de um substantivo no singular (*boy*). O apóstrofo sempre se coloca após o substantivo (pessoa ou coisa) que possui algo:

IBM's staff (*the staff belonging to IBM*)
[os funcionários da IBM]

the man's diary (*the diary belonging to the man*)
[a agenda do homem]

the team's proposal (*the proposal of the team*)
[a proposta da equipe]

Quando a palavra que recebe o apóstrofo está no plural, ele se coloca no final dela (ou seja, após o *s* que indica plural). Aqui também se pode conferir a propriedade da colocação do apóstrofo fazendo-se uma paráfrase da expressão:

the boys' books (*the books belonging to the boy*)
[os livros do rapaz – os livros que pertencem ao rapaz]

Mas nem todos os plurais, em inglês, terminam em *s*. Nesse caso, o apóstrofo se coloca antes do *s* indicativo de posse:

the children's department (*the department for children*)
[o departamento infantil – o departamento para crianças]

the geese's eggs (*the eggs of the geese*)
[os ovos das gansas]

Erros comuns no emprego do apóstrofo

Existem muitas palavras inglesas que terminam por *s* mas não admitem que se coloque o apóstrofo depois delas.

Nunca use o apóstrofo após um verbo terminado em *s*:

✔ *The window lets the light in.*

[A janela deixa entrar a luz.]

✘ *The window let's the light in.*

Não use o apóstrofo antes de um *s* que indique o plural de um substantivo:

✔ *We sell pizzas.*

[Vendemos pizzas.]

✘ *We sell pizza's.*

Este erro é muito comum quando se usam as formas plurais de abreviações e datas:

✔ *a superb range of CDs*

[uma excelente variedade de CDs]

✘ *a superb range of CD's*

✔ *the 1970s*

[os anos 1970]

✘ *the 1970's*

As formas do plural de palavras que têm uma só letra são exceções deste último caso. O apóstrofo é usado, então, para evitar confusão:

There are two o's and two s's in 'looses'.
[Há dois ós e dois esses em "looses".]

Mind your p's and q's.
[Cuidado com seus pês e quês.]

Evidentemente, o apóstrofo é desnecessário após os pronomes possessivos, que já indicam posse.

I returned the book, which was hers.
[Devolvi o livro, que era dela.]

Ours is a generation which knows how to enjoy life.
[A nossa é uma geração que sabe gozar a vida.]

O pronome possessivo mais problemático para quem escreve é *its* (*dele, dela – neutro*). Vamos lembrar que *it's* só é possível quando indica a contração *it is* ou *it has*:

✔ *It's been a long time since I saw you.*

[Faz muito tempo que o vi pela última vez.]

✘ *The company has lost it's way recently.*

✔ *The company has lost its way recently.*

[A companhia perdeu seu rumo recentemente.]

Exercício

Acrescente o apóstrofo onde necessário. Confira suas respostas na página 221.

1 *Its mother decided it was time to give its child its milk.*
2 *The lady gave some eggs and tomatoes to her childrens friends.*
3 *During the 1980s, the governments policy was to reduce its spending.*
4 *In two years time, it will have completed its term as a blind persons companion.*
5 *Its time to decide whose friend you are and whos going to go with you.*
6 *The book was theirs. It wasn't hers.*
7 *There was a months gap between its first and last win.*

Aspas

As aspas são usadas para indicar o começo e o fim do discurso direto ou trechos de uma outra fonte. Em inglês, é mais comum usar as aspas simples nos casos em que em português se usam as duplas, embora estas também possam ser empregadas. É tudo uma questão de escolha, o que não ocorre em português:

> *Rob Thornton said, 'Our new factory will provide significant employment for the village.' / "Our new factory will provide significant employment for the village."*
>
> [Rob Thornton disse: "Nossa nova fábrica oferecerá um número significativo de empregos ao povoado."]

Por questão de clareza, nunca se usa o mesmo tipo de aspas quando é preciso fazer uma citação dentro de outra. Em português, usamos primeiro as aspas duplas e, depois, as simples. Em inglês, é preciso observar a opção feita. Se começarmos com simples, usaremos as duplas em seguida, ou vice-versa:

> *'When she screamed out "Help!", I started to get worried', said Mike.*
>
> *"When she screamed out 'Help!', I started to get worried", said Mike.*
>
> ["Quando ela gritou 'Socorro!', eu comecei a me preocupar", disse Mike.]

As aspas devem delimitar a extensão do discurso do falante. Quando esse discurso for interrompido, use-as para fechá-lo e reiniciá-lo:

> *'Our new factory will provide significant employment for the village', commented Rob Thornton, 'and will for many years to come.'*
>
> ["Nossa nova fábrica oferecerá um número significativo de empregos ao povoado", comentou Rob Thornton, "e vai continuar a fazê-lo por muitos anos."]

A regra para se fecharem as aspas no final de uma citação diz que, se a pontuação pertence à citação propriamente dita, as aspas devem ser colocadas após a pontuação:

> *He remarked, 'I'm going to be only ten minutes late.'*
> [Ele observou: "Só vou me atrasar dez minutos."]

Mas, se a pontuação pertence ao período como um todo, e não à citação, as aspas devem ser fechadas antes da pontuação:

> *He remarked that he would be 'only ten minutes late'.*
> [Ele observou que "só se atrasaria dez minutos".]

Quando uma citação se prolonga por mais de um parágrafo, as aspas devem ser abertas a cada início de parágrafo e fechadas no final do último parágrafo. Veja o exemplo:

> *'Our new factory', said Rob Thornton, 'will be opening in September. We are confident that this will provide significant opportunities to the village.*
>
> *'In addition, we are creating 50 new jobs in our Cardiff offices. These will bring the total staff of the company up to 460.'*
> ["Nossa nova fábrica", disse Rob Thornton, "será criada em setembro. Estamos confiantes em que isso trará oportunidades importantes para o povoado.
> "Além disso, estamos criando 50 novos cargos em nossos escritórios de Cardiff. Estes cargos aumentarão o efetivo da companhia para 460 elementos."]

Vírgula

A vírgula é empregada para interromper uma oração e criar uma pausa, segundo determinadas regras. Vamos lembrar, de início, que o português usa muito mais a vírgula que o inglês, pois a ordem dos termos de uma oração em português é muito mais maleável que a do inglês. E o deslocamento desses termos de suas posições normais é frequentemente indicado por vírgulas. Esta é uma herança do latim para o português.

A vírgula separa os diferentes elementos de uma enumeração:

The following items are needed: pencil, ruler, rubber, paper, highlighter and stapler.
[Os seguintes itens são necessários: lápis, régua, borracha, papel, marca-texto e grampeador.]

Observe que, nesse exemplo, não há vírgula antes da conjunção *and* [e]. Mas a vírgula poderá ser útil se quisermos destacar o último elemento da enumeração:

The telephone operators yawned, stretched, grimaced, coughed and squirmed with boredom.
[As telefonistas bocejaram, espreguiçaram-se, fizeram uma careta, tossiram e cruzaram os braços de tédio.]

The telephone operators yawned, stretched, grimaced, coughed, and squirmed with boredom.
[As telefonistas bocejaram, espreguiçaram-se, fizeram uma careta, tossiram, e cruzaram os braços de tédio.]

No primeiro exemplo, tudo foi causado pelo tédio; no segundo exemplo, a última vírgula muda o sentido do período, de modo que só o cruzar os braços foi provocado pelo tédio.

A vírgula também pode ser usada para tornar o sentido mais claro. Compare as seguintes orações:

Below, the keyboard was broken.
[O teclado estava quebrado embaixo.]

Below the keyboard was broken.
[Embaixo do teclado estava quebrado.]

No primeiro exemplo, o próprio teclado estava quebrado; no segundo, algo embaixo do teclado estava quebrado.

Agora observe o seguinte exemplo. Qual será seu significado?

Shortly after the snow warning lights went out.

Dependendo de onde se colocar a vírgula, o significado pode mudar completamente:

> *Shortly after, the snow warning lights went out.*
> [Logo depois, as luzes de alarme de neve se apagaram.]
>
> *Shortly after the snow, warning lights went out.*
> [Logo depois da neve, as luzes de alarme se apagaram.]
>
> *Shortly after the snow warning, lights went out.*
> [Logo depois do alarme de neve, as luzes se apagaram.]

A vírgula também pode ser usada para separar uma informação extra num período. Duas vírgulas são usadas para separar uma informação que não é essencial para o sentido do parágrafo. Essa informação muitas vezes é expressa por uma oração subordinada adjetiva explicativa:

> *The leader, who lived in a private apartment, needed regular meetings to be kept informed.*
> [O líder, que morava em um apartamento privativo, precisava de reuniões regulares para se manter informado.]
>
> *The building, which included private meeting rooms and sports facilities, was available for general use.*
> [O edifício, que incluía salas privativas de reunião e instalações para a prática de esportes, estava à disposição do público em geral.]

Nos dois casos, toda a oração entre vírgulas poderia ser eliminada sem que a oração principal perdesse o sentido:

> *The leader needed regular meetings to be kept informed.*
> [O líder precisava de reuniões regulares para se manter informado.]
>
> *The building was available for general use.*
> [O edifício estava à disposição do público em geral.]

Contudo, se a informação é essencial para a compreensão da oração principal, ela não é separada por vírgulas e normalmente constitui uma oração subordinada adjetiva restritiva. Veja estes exemplos:

> *Staff who regularly go on holiday will miss out on certain benefits.*
> [Os funcionários que saem de férias regularmente perderão certos benefícios.]

> *Staff, who regularly go on holiday, will miss out on certain benefits.*
> [Os funcionários, que saem de férias regularmente, perderão certos benefícios.]

No primeiro exemplo, só os funcionários que saem regularmente de férias perderão alguns benefícios. Toda a frase *Staff who regularly go on holliday* funciona como sujeito da oração principal e não pode ser separada por vírgulas. Mas, no segundo exemplo, todos os funcionários perderão alguns benefícios, e todos saem regularmente de férias. *Staff* é o sujeito da oração principal, enquanto *who regularly go on holiday* é uma oração subordinada adjetiva explicativa e, portanto, deve ser separada por vírgulas.

Se a informação extra aparecer no início ou no fim de um período, apenas uma vírgula é necessária para separá-la da oração principal:

> *They went to the boardroom, which was on the top floor.*
> [Eles foram até a sala da diretoria, que ficava no último andar.]

> *If you don't meet the deadline, you will miss the opportunity.*
> [Se você não respeitar o prazo, vai perder a oportunidade.]

No primeiro exemplo, *They went to the boardroom* é a oração principal; *which was on the top floor* acrescenta uma informação extra e não tem sentido próprio. No segundo exemplo, *you will miss the opportunity* é a oração principal; *If you don't meet the deadline*, uma oração subordinada adverbial condicional, acrescenta uma informação extra e não tem sentido próprio.

Se não separarmos a oração principal da subordinada, o período poderá ficar ambíguo ou obscuro:

✘ *As you know the management team is in the building.*

✔ *As you know, the management team is in the building.*

[Como você sabe, a equipe administrativa fica no edifício.]

No primeiro exemplo, o sentido só fica claro depois que se lê o período até o fim; no segundo caso, ele fica completamente claro desde o início.

Usa-se a vírgula antes de *and* [e] quando o sujeito da oração coordenada é diferente do sujeito da principal:

The meeting lasted all night and part of the next day.
[A reunião durou a noite toda e parte do dia seguinte.]

The meeting last all night, and in the morning they went home.
[A reunião durou a noite toda, e de manhã eles foram para casa.]

Esse uso da vírgula também se aplica às enumerações, em que a separação do último elemento estabelece um contraste:

The models were tall, thin, long-legged, and vastly overpaid.
[As modelos eram altas, esbeltas, de pernas longas, e mais do que bem pagas.]

A vírgula, e não os dois-pontos (como em português), é colocada após a oração principal que introduz o discurso direto, inclusive quando este a precede:

John said, 'I'll be there at eight.'
[John disse: "Estarei lá às oito."]

'I'll be there at eight', said John.
["Estarei lá às oito", disse John.]

Erros comuns no emprego da vírgula
O sujeito *nunca* deve ser separado de seu verbo por vírgula:

✘ *John, knew he would never succeed.*

✔ *John knew he would never succeed.*

[John sabia que nunca teria sucesso.]

✘ *London, is the capital of England.*

✔ *London is the capital of England.*

[Londres é a capital da Inglaterra.]

Se duas vírgulas forem usadas para inserir uma informação extra, o período deverá continuar com sentido se essa informação for retirada:

✘ *She said that most, if not all of, the staff were leaving.*

Se removermos a informação entre vírgulas, o período ficará sem sentido completo:

✘ *She said that most the staff were leaving.*

Assim, a segunda vírgula deve ser usada corretamente para que o sentido não fique comprometido:

✔ *She said that most, if not all, of the staff were leaving.*

[Ela disse que a maioria dos funcionários, se não todos, estava se demitindo.]

Agora, se omitirmos a informação entre vírgulas, o período terá sentido completo:

✔ *She said that most of the staff were leaving.*

[Ela disse que a maioria dos funcionários estava se demitindo.]

É importante não omitir a segunda vírgula quando se deseja separar a informação suplementar no meio de um período:

✘ *The product, which was selling well would now be manufactured in India.*

✔ *The product, which was selling well, would now be manufactured in India.*

[O produto, que estava vendendo bem, agora seria fabricado na Índia.]

Exercício

Coloque as vírgulas necessárias. Confira suas respostas na página 222.

1 *The carpet which is soiled is going to be replaced.*
2 *Although they wanted to go they stayed inside.*
3 *He implied that some if not all of the proposal was wrong.*
4 *We have sent the goods although they may take time to reach you.*
5 *They held a discussion and afterwards they had a meal together.*

Dois-pontos

Os dois-pontos geralmente introduzem um esclarecimento, uma síntese ou uma consequência do que foi dito:

Sally didn't attend the meeting: she had to fly to Glasgow.
[Sally não assistiu à reunião: ela teve que voar para Glasgow.]

Mark shivered: a combination of nerves and the cold.
[Mark tremia: uma combinação de nervos e frio.]

Os dois-pontos também introduzem uma enumeração:

> *The following areas are closed: cafeteria, library, terrace and garden.*
> [As seguintes áreas estão fechadas: lanchonete, biblioteca, terraço e jardim.]

O uso mais comum dos dois-pontos em inglês comercial é a introdução de citações, como num *press release*:

> *Peter Smith, the chairman of Smith & Co., commented: 'This represents a major step forward for our industry.'*
> [Peter Smith, o diretor da Smith & Co., comentou: "Isto representa um importante avanço para nossa indústria."]

> *Gemma Green, Marketing Director, is delighted with the results: 'We were convinced it would be successful, and this has proved our point.'*
> [Gemma Green, diretora de marketing, está encantada com os resultados: "Tínhamos certeza do sucesso, e isso provou que estávamos certos."]

Exercício

Acrescente os dois-pontos a estes períodos. Confira suas respostas na página 222.

1 *Chris Beattie, who made the device, believes it will fill a gap in the market 'Our research shows there is considerable demand.'*
2 *The interviews were held in various rooms offices, hallways, the reception desk.*
3 *David couldn't leave the office on time he needed to finish his report.*
4 *The team were devastated no orders and no prospect of any for at least a month.*

Ponto e vírgula

O ponto e vírgula indica uma separação mais marcada do que a vírgula, mas não a ponto de encerrar um período. Ele pode unir orações que, se mantidas separadas, comprometem a fluidez da escrita. Veja o exemplo:

> *Jones sat on one side. Smith sat on the other. The document was on the table between them.*
> [Jones sentou-se de um lado. Smith sentou-se do outro. O documento estava sobre a mesa entre eles.]

Usando o ponto e vírgula, o discurso flui com naturalidade:

> *Jones sat on one side; Smith sat on the other; the document was on the table between them.*

Se substituirmos o último ponto e vírgula por ponto, conseguiremos um efeito de tensão:

> *Jones sat on one side; Smith sat on the other. The document was on the table between them.*

Vejamos outro exemplo de como o uso do ponto e vírgula pode mudar a intenção do discurso:

> *The hotel nestles in a hollow; all around are grazing sheep and cattle; trees in the distance mark out the boundaries.*
> [O hotel se aninha numa reentrância; ao seu redor pastam carneiros e bois; árvores distantes assinalam seus limites.]

O uso do ponto e vírgula torna a descrição fluida e cria um quadro único. O emprego de orações curtas fragmentaria esse quadro:

> *The hotel nestles in a hollow. All around are grazing sheep and cattle. Trees in the distance mark out the boundaries.*

Usando um ponto e um ponto e vírgula, podemos enfocar mais precisamente o hotel e sua localização:

The hotel nestles in a hollow. All around are grazing sheep and cattle; trees in the distance mark out the boundaries.

Outro uso do ponto e vírgula é entre orações que, quando unidas, criam um equilíbrio:

The racket is short and light to use; the ball is white and easy to see.
[A raquete é curta e leve de manejar; a bola é branca e fácil de ver.]

Some called him a genius; others claimed he was a fraud.
[Alguns o chamavam de gênio; outros afirmavam que ele era uma fraude.]

Por fim, se uma listagem contém elementos com uma pontuação interna, estes podem ser separados de maneira mais clara com o uso do ponto e vírgula:

The following elements are needed: a screen, with an anti-glare cover; a keyboard, mouse and mouse mat; a colour printer, with or without paper; and speakers.
[Os seguintes elementos são necessários: uma tela, com proteção antirreflexo; um teclado, um *mouse* e um *mouse mat*; uma impressora colorida, com ou sem papel; e alto-falantes.]

Se os elementos fossem separados apenas por vírgulas, a listagem ficaria muito confusa:

✗ *The following elements are needed: a screen, with an anti--glare cover, a keyboard, mouse and mouse mat, a colour printer, with or without paper, and speakers.*

Exercício

Altere a pontuação destas orações, utilizando ponto e vírgula. Confira suas respostas na página 222.

1 *Peter wanted to pay the full amount. John did not. An argument ensued.*

2 *The course comprised a number of units: elementary English, including punctuation, clear writing, with lots of exercises, and practical exercises.*

3 *The screen is bright and clear. The keyboard is small and compact.*

Ponto de exclamação

Usa-se o ponto de exclamação após uma palavra, frase ou oração que indique surpresa, admiração, desprezo, ordem, chamamento etc. Em linguagem comercial ele é raramente empregado, mesmo em *e-mails*.

Parênteses

Os parênteses são usados para indicar palavras, frases ou orações que têm caráter explicativo, ou seja, acrescentam uma informação, um esclarecimento ou propõem uma opção, como nestes exemplos:

> *It was one of the earliest finds (London, 1645).*
> [Foi um dos primeiros achados (Londres, 1645).]
>
> *She returned the car (a Citroën Estate) to the showroom.*
> [Ela devolveu o carro (um Citroën Estate) à concessionária.]
>
> *Look out for the best restaurants (like the Café Royal, which has a great reputation).*
> [Procure os melhores restaurantes (como o Café Royal, que tem uma grande reputação).]
>
> *The report showed quite clearly (page 200, line 6) that it was true.*
> [O relatório deixou bem claro (página 200, linha 6) que era verdade.]

Em todos esses casos, as palavras entre parênteses poderiam ser eliminadas sem comprometer o sentido da oração. Elas simplesmente acrescentam informações ou comentários extras.

Os parênteses permitem que se faça referência ao singular e ao plural ao mesmo tempo:

Your letter(s) will be returned.
[Sua(s) carta(s) será (serão) devolvida(s).]

Your child (children) should arrive at 10 am.
[Seu(s) filho(s) deve(m) chegar às 10 da manhã.]

Os colchetes devem ser usados quando uma expressão já entre parênteses deve ser isolada:

The report presented evidence about the disaster (and its aftermath [reported below]).
[O relatório apresentava evidência do desastre (e o que houve depois dele [descrito abaixo]).]

Os colchetes também podem ser usados para acrescentar uma informação necessária para esclarecer o sentido de um período:

Business to business is not in our plans [for new business] but we never say never.
[O *business to business* não está em nossos planos [para novos negócios], mas nós nunca dizemos nunca.]

Também podemos usá-los em documentos comerciais para indicar uma mudança no original:

*This **document** [totally corrected and updated] is to be returned next week.*
[Este documento [totalmente corrigido e atualizado] deve ser devolvido na próxima semana.]

Exercício

Coloque os parênteses ou colchetes adequados. Confira suas respostas na página 222.

1 *The shop Choc a Lot was closed on Fridays.*
2 *We looked at it the estate and decided to buy.*
3 *The loaf loaves must then be left in oven for 10 minutes.*
4 *The gallery contained the finest examples of impressionist art Monet, Gauguin, Degas.*

Travessão

O uso do travessão pode criar um impacto, como nestes exemplos:

> *Everyone expected a pay rise – but not as much as 50 per cent.*
> [Todos esperavam um aumento de salário – mas não 50 por cento.]
>
> *The curtain went back and there she stood – totally naked.*
> [A cortina se afastou e lá estava ela – totalmente nua.]
>
> *It seemed the best product for us – after they'd reduced the price.*
> [Pareceu-nos o melhor produto – depois que baixaram o preço.]

O travessão duplo, como no exemplo abaixo, pode separar uma informação extra dentro de uma oração, funcionando como se fosse parêntese:

> *He got together his things – pencil, ruler, rubber, pen and ink – and started the exam.*
> [Ele pegou suas coisas – lápis, régua, borracha, caneta e tinta – e começou o exame.]
>
> *He returned the car – a Citröen Estate – to the showroom.*
> [Ele devolveu o carro – um Citröen Estate – à concessionária.]

O travessão não deve ser usado para substituir os dois-pontos:

✘ *The place was devastated – trees uprooted; windows broken; tiles on the ground.*

✔ *The place was devastated: trees uprooted; windows broken; tiles on the ground.*

[O lugar ficou devastado: árvores desenraizadas; janelas quebradas; telhas pelo chão.]

Exercício

Insira um travessão onde for necessário. Confira suas respostas nas páginas 222-3.

1 *He knew he had won but not by that much.*
2 *The team knew the prospective customer a tough operator would be difficult to win over.*
3 *She had seen him before and talked to him without permission.*
4 *They collected the materials wire, connectors, plugs and brackets and started to put them together.*

Hífen

O hífen é usado em palavras compostas por dois ou mais elementos. Eis alguns exemplos:

close-knit	[estreitamente ligado]
closed-circuit	[circuito fechado]
co-op	[abr. de *co-operative* [cooperativa]]
co-worker	[colaborador]
cross-country	[corrida pelo campo]
do-it-yourself	[faça você mesmo]
fine-drawn	[delgado]
flip-flop	[basculador]
front-end	[parte da frente]
know-all	[sabe-tudo]

Em inglês, muitas vezes o hífen se faz necessário para evitar a ambiguidade:

man-eating dog seen in park
[cachorro comedor de gente visto no parque]

man eating dog seen in park
[homem comendo cachorro visto no parque]

Com o hífen ligando *man* a *eating* fica claro que o cachorro é comedor de carne humana; sem o hífen, é o homem que come carne de cachorro. Assim, se duas palavras descrevem juntas uma outra palavra e podem causar confusão se deixadas separadas, deve-se usar o hífen entre elas:

highest-quality service
[serviço da mais alta qualidade]

red-haired girl
[garota de cabelo vermelho]

low-key approach
[aproximação de pouca intensidade]

two-year sentence
[pena de dois anos]

Observe que, neste último exemplo, a palavra *year* permanece no singular, pois forma um todo com o numeral, numa expressão que funciona como adjetivo para o substantivo *sentence*. Isso é muito comum em indicações de duração de tempo:

a fifteen-year old boy
[um rapaz de quinze anos]

a three-month rest
[um descanso de três anos]

a four-day gap
[um intervalo de quatro dias]

Erros comuns

Na língua inglesa há muitas palavras de grafia semelhante, mas significados completamente diferentes. Isso pode provocar erros de sentido que comprometem a redação.

Esta seção relaciona, em ordem alfabética, essas palavras tão semelhantes entre si. No final dela, você encontrará um longo exercício para ajudá-lo a testar seu conhecimento.

adverse, averse

Adverse significa "desfavorável", "indesejado", "adverso":

> *There are adverse weather conditions.*
> [Há condições meteorológicas adversas.]

Averse significa "pouco disposto", "sem vontade":

> *He was averse to helping me.*
> [Ele estava pouco disposto a me ajudar.]

advertise, improvise, supervise, televise

Essas palavras são sempre grafadas com *s*, embora a letra *z* seja usada na grafia de palavras semelhantes, tais como *apologize*, *capitalize*, *criticize* etc.

advice, advise

Advice é substantivo e significa "conselho", "orientação":

> *We gave them our considered advice.*
> [Nós lhes demos nosso conselho ponderado.]

Advise é verbo e significa "aconselhar":

> *We will advise them to reduce the price.*
> [Vamos aconselhá-lo a baixar o preço.]

affect, effect

Affect é verbo e significa "alterar", "atacar" ou "fingir":

> *He tried to affect the result.*
> [Ele tentou alterar o resultado.]
>
> *He affected indifference to her feelings.*
> [Ele fingiu indiferença aos sentimentos dela.]

Effect é substantivo e significa "resultado", "consequência" ou "efeito":

> *The customer contact programme had a significant effect on the sales of the product.*
> [O programa de contato com o consumidor teve um resultado significativo nas vendas do produto.]
>
> *The red lights create a stunning effect.*
> [As luzes vermelhas criam um efeito impressionante.]

Evite estes empregos de *effect*, pois eles soam formais e afetados:

> *With effect from today's date* (é melhor dizer *From today* – a partir de hoje)
>
> *The change gave effect to a major debat* (é melhor dizer *The change caused a major debate* – A mudança provocou um grande debate.)

Mas *effect* também pode ser verbo, com o significado de "efetuar", "realizar":

> *The government effected great changes.*
> [O governo efetuou grandes mudanças.]

allusion, illusion, allude, elude

Allusion é "alusão".

> *He made an allusion to Shakespeare.*
> [Ele fez uma alusão a Shakespeare.]

Illusion significa "ilusão":

> *He thought he saw a ghost but it was an illusion.*
> [Ele achou que viu um fantasma, mas foi ilusão.]

To allude significa "referir-se", "aludir":

> *He alluded to the law in his speech.*
> [Ele aludiu à lei em seu discurso.]

To elude significa "evitar":

> *He eluded capture and managed to reach safety.*
> [Ele evitou a captura e conseguiu se safar.]

alternative, choice

Alternative significa "alternativa", ou seja, cada uma das possibilidades entre as quais se pode escolher. *Choice* significa "escolha", ou seja, o ato de optar entre as várias alternativas.

> *The alternatives were either to drive or to walk.*
> [As alternativas eram ir de carro ou a pé.]
>
> *He had a choice between walking or driving.*
> [Ele tinha a escolha entre ir a pé ou de carro.]
>
> *He had a choice between walking, driving and cycling.*
> [Ele tinha uma escolha entre ir a pé, de carro ou de bicicleta.]

amend, emend

Existe uma diferença sutil entre essas duas palavras. *To amend* significa "fazer acréscimos", "incrementar":

> *He amended the proposal to include costs and timings.*
> [Ele incrementou a proposta incluindo custos e prazos.]

To emend significa "emendar", "corrigir":

> *He emended the letter so that it was perfect.*
> [Ele corrigiu a carta para deixá-la perfeita.]

amid, amidst

Essas duas palavras têm o mesmo sentido ["entre, em meio a"], mas é preferível sempre usar *amid*, que soa mais moderna e menos pretensiosa que *amidst*, embora ambas tenham caráter erudito:

> *The tourists were amid the ruins of an ancient Egyptian temple.*
> [Os turistas estavam em meio às ruínas de um antigo templo egípcio.]

among, amongst

Como no caso anterior, essas duas palavras têm o mesmo sentido ["entre, em meio a"], mas *among* é preferível, também por soar mais moderna e menos pretensiosa:

> *Smith & Co. is among our best customers.*
> [Smith & Cia. está entre os nossos melhores clientes.]

appraise, apprise

Appraise significa "avaliar":

> *I appraised his performance.*
> [Eu avaliei o desempenho dele.]

Apprise significa "informar":

> *I apprised him of his progress, pointing out areas for improvement.*
> [Eu o informei sobre seu progresso, indicando as áreas em que ele deveria melhorar.]

assure, ensure, insure

To assure significa "afirmar com certeza", "assegurar":

> *I can assure you I am telling the truth.*
> [Posso lhe assegurar que estou dizendo a verdade.]

To ensure significa "dar garantia", "garantir":

They will ensure you reach your destination safely.
[Eles vão garantir que você chegue a seu destino a salvo.]

To insure significa "pôr no seguro", "segurar":

You can insure your property against theft.
[Você pode segurar sua propriedade contra roubo.]

aural, oral

Aural refere-se ao ouvido ou à audição:

They listened to a CD during their aural examination.
[Eles ouviram um CD durante seu exame do ouvido.]

Oral significa "oral":

The French oral involved 30 minutes' conversation.
[O exame oral de francês envolveu 30 minutos de conversação.]

bait, bated

Bait significa "isca", "armadilha":

The bait was hidden by the long grass.
[A armadilha estava escondida pelo capim alto.]

Bated significa "suspenso":

He waited with bated breath.
[Ele esperou com a respiração suspensa.]

canvas, canvass

Canvas é "lona", "tela":

The seat was covered with canvas.
[O assento era coberto de lona.]

To canvass significa "pedir votos para uma candidatura", "pesquisar":

He will canvass for that candidate in the local election.
[Ele vai pedir votos para aquele candidato na eleição local.]

censor, censure

To censor significa "censurar":

Mail from high-security prisoners is carefully censored.
[A correspondência dos prisioneiros de alta periculosidade é cuidadosamente censurada.]

To censure significa "repreender":

The witness was censured for deliberately misleading the jury.
[A testemunha foi repreendida por enganar deliberadamente o júri.]

cite, sight, site

To cite significa "mencionar", "citar":

The company was cited in the court case.
[A companhia foi citada no processo judicial.]

Sight significa "vista", "visão":

You have a beautiful sight from this high place.
[Você tem uma bela vista deste lugar elevado.]

Site significa "local" ou "*site* da internet":

The site was flat and perfect for the structure.
[O local era plano e perfeito para a estrutura.]

Don't forget to visit my site.
[Não se esqueça de visitar meu *site*.]

compare with, compare to

As duas expressões significam "comparar", mas se usa *compare with* quando se deseja salientar as diferenças entre duas coisas ou pessoas:

She compares extremely well with her sister.
[Ela se sai muito bem na comparação com a irmã.]

This compares favourably with that.
[Isto se compara favoravelmente àquilo.]

His achievements cannot compare with those of his father.
[Seus feitos não se comparam com os de seu pai.]

Usa-se *compare to* quando se deseja salientar a semelhança entre duas coisas:

He compared the landscape to a painting.
[Ele comparou a paisagem com uma pintura.]

He compared his singing to Caruso's.
[Ele comparou seu canto ao de Caruso.]

complacent, complaisant

Complacent significa "cheio de si", "autoconfiante":

However many matches a team wins, it should never be allowed to get complacent.
[Por mais partidas que um time ganhe, nunca se deve deixar que ele fique cheio de si.]

Complaisant significa "amável", "cortês", "bem-educado":

He is the most complaisant shop assistant I've ever met.
[Ele é o vendedor mais amável que já conheci.]

complement, compliment

Complement significa "complemento":

A fine wine is a complement to a good meal.
[Um bom vinho é complemento para uma boa refeição.]

Compliment significa "elogio", "cumprimento", "cortesia":

She paid him a compliment to make him feel better.
[Ela lhe fez um elogio para fazê-lo sentir-se melhor.]

Os adjetivos relacionados a esses dois substantivos são, respectivamente, *complementary* e *complimentary*. O primeiro se traduz por "complementar", e o segundo por "elogioso", "gratuito", "por cortesia". O emprego de uma dessas palavras pela outra poderia comprometer o seguinte anúncio comercial:

> ✘ *Special offer: high-speed kettle. Also available: complimentary iron.*
>
> [Oferta especial: chaleira elétrica. Também disponível: ferro gratuito.]

Certamente a loja não pretende oferecer um ferro como cortesia, mas sugerir a compra de um ferro complementar.

continual, continuous

Continual significa "algo que se repete com regularidade", geralmente algo desagradável, podendo ser traduzido como "frequente":

> *Peter hates these continual arguments with his wife.*
> [Peter detesta essas frequentes discussões com a esposa.]

Continuous é usado para coisas ou eventos que se ligam sem interrupção, podendo ser traduzido como "contínuo":

> *This continuous rain is getting to my nerves.*
> [Essa chuva contínua está me dando nos nervos.]

copyright, copywriting

Copyright é a proteção legal ao criador de uma obra, ou seja, "direito autoral".

Copywriting é a redação de um anúncio ou de um folheto publicitário. Em português usa-se a palavra em inglês.

> *The copywriting will be finished tomorrow and then we can go ahead with design.*
> [O *copywriting* vai ficar pronto amanhã, e então vamos poder avançar com o *design*.]

council, counsel

Council é "conselho", no sentido de um grupo de pessoas responsável por deliberar sobre uma questão específica. Quando esse grupo é formado por religiosos, traduz-se por "concílio". Os membros desse grupo são os *councillors*, "conselheiros":

> *The council meets on Thursdays.*
> [O conselho se reúne às quintas-feiras.]

Counsel é sinônimo de *advice*, em português também "conselho". Quem o oferece é um *counsellor*, também "conselheiro":

> *The counsel he gave me was invaluable.*
> [O conselho que ele me deu foi inestimável.]

criterion, criteria

Criterion significa "critério"; a forma plural é *criteria*, "critérios":

> *The criterion for selection was that they were able to sell.*
> [O critério para a seleção foi eles terem habilidade para vender.]
>
> *The criteria for selection are selling skills, writing skills and a pleasant personality.*
> [Os critérios para a seleção são habilidade para vender, redigir e simpatia pessoal.]

despite, in spite of

Não existe diferença de sentido entre *despite* e *in spite of* [apesar de, a despeito de]. Por uma questão de clareza e concisão, prefira *despite*:

> *He came to the meeting despite his wife being in hospital.*
> [Ele veio à reunião apesar de sua esposa estar no hospital.]

different from, different to

Different from é a forma mais usual para "diferente de"; *different to* é mais coloquial:

> *These articles are different from the previous ones.*
> [Estes artigos são diferentes dos anteriores.]

defuse, diffuse

To defuse significa "neutralizar", "interromper":

> *He defused the argument by changing the subject.*
> [Ele interrompeu a discussão mudando de assunto.]

To diffuse significa "divulgar", "difundir", "espalhar":

> *The impact was diffused over a wide area.*
> [O impacto espalhou-se por uma ampla área.]

dependant, dependent

Dependant significa "dependente", mas é apenas substantivo:

> *He has three dependants living with him.*
> [Ele tem três dependentes morando com ele.]

Dependent é adjetivo:

> *We're still dependent on his good.*
> [Ainda somos dependentes da boa vontade dele.]

disk, disc

Disk é um termo de computação [disco ou disquete]:

> *Please insert the floppy disk into the drive.*
> [Por favor, insira o disco flexível no *drive*.]

Disc é o termo mais genérico:

> *compact disc* [disco compacto]
>
> *disk brake* [freio a disco]

discreet, discrete

Discreet significa "discreto", "cuidadoso", "prudente":

> *It wasn't very discreet of you to ring me up at the office.*
> [Não foi muito prudente de sua parte me telefonar para o escritório.]

Discrete significa "separado", "à parte", "desligado":

> *The garage was discrete from the house.*
> [A garagem ficava separada da casa.]

disinterested, uninterested

Disinterested significa "imparcial", "sem envolvimento":

> *Judges are supposed to be disinterested in the cases they try.*
> [Supõe-se que os juízes sejam imparciais nos casos que julgam.]

Uninterested significa "desinteressado", "que não tem interesse":

> *Jane was quite uninterested in the football.*
> [Jane não tinha nenhum interesse pelo futebol.]

effective, efficient

Effective significa "eficaz", "que realiza de fato"; *efficient* significa "eficiente", "que tem capacidade para realizar". Assim, algo pode ser *effective* e *efficient* ao mesmo tempo.

> *The new service help desk provides a more efficient service which will be more effective in solving customer complaints.*
> [O novo serviço de ajuda proporciona um atendimento mais eficiente que será mais eficaz na solução das reclamações dos clientes.]

elicit, illicit

To elicit significa "obter", "definir":

> *They will elicit a warm response if it all goes to plan.*
> [Eles vão obter uma boa resposta se tudo for planejado.]

Illicit significa "ilegal", "ilícito":

> *They won through illicit entries.*
> [Eles venceram por meio de participações ilícitas.]

eminent, immanent, imminent

Eminent significa "eminente", "destacado":

> *The eminent surgeon Cathy Brook will discuss procedures on Thursday.*
> [A eminente cirurgiã Cathy Brook discutirá os procedimentos na quinta-feira.]

Immanent significa "próprio", "inerente":

> *Lying was immanent to him and he couldn't stop himself from doing it.*
> [Mentir era inerente a ele, e ele não conseguia deixar de fazê-lo.]

Imminent significa "iminente", "prestes a acontecer".

> *The storm was imminent: the clouds were almost black.*
> [A tempestade era iminente: as nuvens estavam quase pretas.]

evoke, invoke

To evoke significa "suscitar", "lembrar":

> *The results evoked a storm of protest from shareholders.*
> [Os resultados suscitaram uma onda de protestos por parte dos acionistas.]

To invoke significa "invocar":

If necessary, we shall invoke the penalty clause and start legal proceedings.
[Se necessário, invocaremos a cláusula de penalidade e iniciaremos os procedimentos legais.]

farther, further

Pode-se usar *farther* ou *further* [mais distante] quando se indica distância:

Bristol is farther away than Swindon.
[Bristol fica mais distante que Swindon.]

London is further away than Reading.
[Londres fica mais distante que Reading.]

Com o sentido de "adicional" ou "mais", usa-se apenas *further*:

The board demanded further staff reductions.
[A diretoria exigiu reduções adicionais do quadro de funcionários.]

faze, phase

To faze significa "perturbar", "chocar":

They were fazed by the size of losses.
[Eles ficaram chocados com a extensão das perdas.]

Phase significa "fase", "período":

The campaign will comprise three phases: approaching prospective customers; following up strong leads; and cold calling.
[A campanha abrangerá três fases: levantamento de possíveis clientes, procedimentos bem definidos e telemarketing.]

factious, fractious

Factious significa "faccioso", "sedicioso":

The village was in turmoil after a factious election campaign.
[A cidade estava tumultuada depois de uma campanha eleitoral sediciosa.]

Fractious significa "irritável", "irrequieto":

The children were fractious because they were hungry.
[As crianças estavam irrequietas porque estavam com fome.]

flammable, inflammable, non-flammable

Flammable ou *inflammable* é "inflamável"; seu antônimo é *non--flammable*:

It was an inflammable liquid so it needed to be kept away from bright sunlight.
[Era um líquido inflamável, de modo que devia ser mantido longe da forte luz solar.]

The material is non-flammable so can be used for children's clothes.
[O material não é inflamável, portanto pode ser usado em roupas de crianças.]

flair, flare

Flair significa "talento", "propensão", além de "faro", "olfato":

The whole team showed a flair for creativity.
[A equipe inteira mostrava propensão à criatividade.]

Flare significa "labareda", "fogueira de sinalização", "sinal luminoso":

They lit the flare to signal to the search party.
[Eles acenderam a fogueira para fazer sinal para a equipe de busca.]

flaunt, flout

To flaunt significa "exibir":

> *He flaunted his experience to impress them.*
> [Ele exibiu sua experiência para impressioná-los.]

To flout significa "desprezar", "desafiar":

> *He flouted the conventions and didn't wear a tie.*
> [Ele desafiou as convenções e não pôs gravata.]

forego, forgo

To forego significa "passar por cima", "precipitar":

> *It was a foregone conclusion.*
> [Era uma conclusão precipitada.]

To forgo significa "desistir de", "dispensar":

> *I think I will forgo the pudding.*
> [Acho que vou dispensar o pudim.]

himself, herself, yourself

Palavras como *himself*, *herself* e *yourself* são pronomes reflexivos ou enfáticos, não devendo ser usados em lugar dos pronomes pessoais objetivos como *me*, *you*, *him*, *her* etc.:

> *The mechanic hurt himself in the accident.*
> [O mecânico se feriu no acidente.]
>
> *I went there myself.*
> [Eu mesmo fui lá.]

✘ *I will meet with yourself next week.*

✘ *You gave it to myself.*

historic, historical

Os dois adjetivos traduzem-se por "histórico", mas *historic* qualifica algo memorável, que não será esquecido:

It was a historic occasion: the first time a woman had entered the House of Commons.
[Foi uma ocasião histórica: a primeira vez que uma mulher entrara na Câmara dos Comuns.]

Historical é usado para qualificar algo que pertence à história:

Plato was a historical figure.
[Platão foi uma figura histórica.]

hoard, horde

To hoard significa "armazenar escondido", "entesourar"; *hoard* é substantivo e significa "tesouro", "estoque oculto":

He hoards chocolate.
[Ele entesoura chocolate.]

He had a hoard of chocolate.
[Ele tinha um estoque oculto de chocolate.]

Horde significa "multidão", "horda":

There were hordes of shareholders at the meeting.
[Havia multidões de acionistas na reunião.]

hopefully

Hopefully é um advérbio que significa "esperançosamente":

She sat there hopefully, waiting for him to arrive.
[Ela estava ali sentada, esperançosamente, aguardando que ele chegasse.]

Muitos fazem objeção ao uso de *hopefully* com o sentido de "tomara"; assim, é preciso ter cautela com esse emprego:

Hopefully the sun will shine on Sunday.
[Tomara que faça sol no domingo.]

Esse exemplo pode ser reescrito assim:

We hope the sun will shine on Sunday.
[Esperamos que faça sol no domingo.]

I, me

Por algum motivo, muitos acham que é incorreto dizer ...*and me*, mas não é. Vamos lembrar que o pronome pessoal *I* é usado como sujeito; nos outros casos, usa-se *me*.

> *I walk down the street.* (*I* é sujeito de *walk*)
> [Eu desço a rua.]
>
> *John walks down the street with me.* (*me* não é sujeito de *walk*)
> [John desce a rua comigo.]
>
> *John and I walked down the street.* (*John and I* é sujeito de *walked*)
> [John e eu descemos a rua.]
>
> *John walked down the street with Jane and me.* (*Jane and me* não é sujeito de *walked*)
> [John desceu a rua com Jane e comigo.]

Portanto, seria errado escrever:

✘ *John walked down the street with Jane and I.*

lead, led

To lead significa "dirigir", "liderar", "estar à frente de":

> *My sister leads the sales department.*
> [Minha irmã dirige o departamento de vendas.]

Como substantivo, *lead* é "alumínio":

> *She has shares in a lead mine.*
> [Ela tem ações de uma mina de alumínio.]

Led é a forma do passado simples e do particípio passado de *to lead*:

> *I led the meeting on the first three occasions; on the forth, it was led by John.*
> [Eu dirigi a reunião nas três primeiras vezes; na quarta, ela foi dirigida por John.]

less, fewer

Less é o comparativo de *little; fewer* é o comparativo de *few.* Vamos lembrar que *little* [pouco] sempre se refere a algo incontável; *few* [poucos] refere-se a algo contável:

> *Schumacher took on less fuel than Button.*
> [Schumacher usou menos combustível que Button.]
>
> *Schumacher took on fewer gallons of fuel than Button.*
> [Schumacher usou menos galões de combustível que Button.]

No primeiro exemplo, *fuel* [combustível] não é algo que possa ser contado e, assim, a palavra correta a ser usada é *less*; no segundo exemplo, *gallons* [galões] podem ser contados, e a palavra correta a ser empregada é *fewer*.

Esses dois exemplos mostram como a diferença entre *less* e *fewer* é fundamental para definir o sentido das frases:

> *The less people know, the better.*
> [Quanto menos as pessoas souberem, melhor.]
>
> *The fewer people know, the better.*
> [Quanto menos pessoas souberem, melhor.]

As mesmas regras se aplicam a *least* e *fewest*, as formas do superlativo de *little* e *few*, respectivamente.

licence, license

Licence é substantivo [licença], e *to license* é o verbo, que se traduz por "ter licença".

> *He had a licence to sell alcohol.*
> [Ele tinha licença para vender álcool.]
>
> *He is licensed to sell alcohol.*
> [Ele tem licença para vender álcool.]
>
> *James Bond has a license to kill.*
> [James Bond tem licença para matar.]

loose, lose

Loose é adjetivo e significa "folgado", "vago" ou "inconsistente":

> *The arrangement was rather loose and we had plenty of room for manoeuvre.*
> [O acordo era um tanto vago, e tínhamos muito espaço de manobra.]

To lose significa "perder":

> *We're going to lose the contract if we don't start performing.*
> [Vamos perder o contrato se não começarmos a trabalhar.]

luxuriant, luxurious

Luxuriant significa "profuso", "abundante", "luxuriante":

> *He has luxuriant hair.*
> [Ele tem um cabelo abundante.]

Luxurious significa "luxuoso":

> *The hotel was luxurious.*
> [O hotel era luxuoso.]

meet, mete out

To meet significa "reunir-se", "encontrar alguém":

> *I will meet him tomorrow.*
> [Vou encontrá-lo amanhã.]

To mete out significa "repartir", "dividir", "distribuir":

> *The father meted out punishment to the children.*
> [O pai distribuiu castigo entre os filhos.]

meter, metre

Meter é um dispositivo para medir:

The electricity meter
[O medidor de energia elétrica]

Metre (*meter*, em inglês americano) é uma unidade de medida:

The pool is three metres deep at one end.
[A piscina tem três metros de profundidade em um dos extremos.]

militate, mitigate

To militate geralmente é seguido de *against* [contra], com o sentido de "agir contra", "ir de encontro a", "comprometer":

Their new product militates against our drive to increase sales.
[O novo produto deles vai de encontro a nossos esforços para aumentar as vendas.]

To mitigate significa "atenuar", "diminuir", "abrandar", "mitigar":

The wall will mitigate the effects of the tide.
[O muro vai atenuar os efeitos da maré.]

none

None [nenhum, nenhuma] é sempre singular:

✔ *None of the employees is happy with their pay rise.*

[Nenhum dos empregados está satisfeito com o aumento de salário.]

✘ *None of the employees are happy with their pay rise.*

pedal, peddle

Pedal é o pedal da bicicleta:

He had both feet off the pedals.
[Ele estava com os dois pés fora dos pedais.]

To peddle significa "vender", "mascatear":

> *The engineer peddled his ideas to the highest bidder.*
> [O engenheiro vendeu suas ideias pela oferta mais alta.]

pore, pour

To pore significa "examinar atentamente":

> *She pored over the book, trying to find a mistake.*
> [Ela examinou o livro atentamente, tentando achar um erro.]

To pour significa "despejar", "verter":

> *He poured the wine into her glass.*
> [Ele verteu o vinho no copo dela.]

practicable, practical

Practicable é adjetivo e significa "viável", "que pode ser feito":

> *Running the pipe through the wall wasn't practicable: there just wasn't enough room.*
> [Fazer o cano correr por dentro da parede não era viável: simplesmente não havia espaço suficiente.]

Practical também é adjetivo e significa "útil", "prático":

> *He's a very practical person and is great at making furniture.*
> [Ele é uma pessoa muito prática e é ótimo para fazer móveis.]

practice, practise

Practice é substantivo [prática, treino]; *to practise* é verbo [praticar, treinar, ensaiar]:

> *We went to football practice.*
> [Fomos ao treino do futebol.]

The doctor's practice was remarkable.
[A prática do médico era notável.]

We will practise the presentation together tomorrow.
[Vamos ensaiar a apresentação juntos amanhã.]

She had practised her keyboard skills every night.
[Ela havia praticado suas habilidades com o teclado todas as noites.]

prevaricate, procrastinate

To prevaricate significa "tergiversar", "esconder a verdade":

He prevaricated because he knew he was in the wrong.
[Ele tergiversou porque sabia que estava errado.]

To procrastinate significa "postergar", "procrastinar":

He procrastinated because he was scared to start.
[Ele procrastinou porque estava com medo de começar.]

principal, principle

Principal, como adjetivo, significa "principal", "mais importante". Como substantivo, significa "diretor", "chefe", "pessoa mais importante":

The principal consultant led de meeting.
[O principal consultor comandou a reunião.]

The principal asked all his teachers to be fair.
[O diretor pediu a todos os seus professores que fossem justos.]

Principle é "princípio", "guia":

He always followed his principles.
[Ele sempre seguiu seus princípios.]

The basic principle is that no two machines work in the same way.
[O princípio básico é o de que não há duas máquinas que funcionem do mesmo modo.]

precede, proceed

To precede significa "vir antes", "preceder":

> *I preceded him in the management hierarchy.*
> [Eu o precedia na hierarquia gerencial.]

To proceed significa "prosseguir", "continuar":

> *He proceeded to talk despite the need for quiet.*
> [Ele continuou a falar apesar da necessidade de silêncio.]

program, programme

Em inglês britânico, usa-se *program* apenas para "programa de computador". Em todos os outros casos, deve-se usar *programme*. Em inglês americano, usa-se *program* para todos os sentidos da palavra:

> *The latest version of the program was downloaded from the Internet.*
> [A versão mais recente do programa foi baixada da internet.]
>
> *The training programme (program) ensured they would continue their personal development.*
> [O programa de treinamento garantiu que eles dariam prosseguimento a seu desenvolvimento pessoal.]

sequester, sequestrate

To sequester significa "isolar", "segregar":

> *He was sequestered from the rest of the team.*
> [Ele foi isolado do restante da equipe.]

To sequestrate significa "confiscar":

> *The company's funds were sequestrated by the receivers.*
> [Os fundos da companhia foram confiscados pelos curadores.]

O verbo português "sequestrar" (referindo-se a pessoas) traduz-se por *to abduct*:

> *The police still thinks the missing child has been abducted.*
> [A polícia ainda acha que a criança desaparecida foi sequestrada.]

stationary, stationery

Stationary é um adjetivo e significa "parado", "sem movimento":

> *The traffic was stationary: the road was flooded.*
> [O trânsito ficou parado: a rua estava inundada.]

Stationery é substantivo e se refere a qualquer artigo para escrita (papel, envelope, tinta, caneta, lápis etc.); atualmente é usado para designar o material de escritório em geral:

> *We order stationery online – it is so much more economical.*
> [Encomendamos material de escritório pela internet – é muito mais econômico.]

while, whilst

As duas formas são aceitáveis, mas é preferível empregar *while* [enquanto], que soa mais moderno e menos pretensioso:

> *I read an entire chapter while waiting for her.*
> [Li um capítulo inteiro enquanto esperava por ela.]

who?, whom?

Who é pronome interrogativo e sempre tem função de sujeito da oração. *Whom* também é pronome interrogativo, mas tem sempre função de objeto do verbo da oração:

✘ *Who did you see?*

✔ *Whom did you see?*

[Quem você viu?]

✗ *Whom is speaking?*

✓ *Who is speaking?*

[Quem está falando?]

who, whom, which, that

Quando se deve usar cada um desses pronomes relativos? Observe os exemplos:

The hotel which/that offers the best accommodations is expensive.
[O hotel que oferece as melhores acomodações é caro.]

We stayed at the hotel which/that he recommended to us.
[Ficamos no hotel que ele nos recomendou.]

Nesses dois períodos, temos uma oração principal e uma subordinada adjetiva restritiva, ou seja, uma oração que especifica ou o sujeito (primeiro exemplo – *that/which offers the best accommodations*) ou o objeto (segundo exemplo – *which/that he recommended to us*) a que se refere. Observe que, sem a oração adjetiva restritiva, não saberíamos de que hotel se está falando.

Nesse caso, quando o pronome relativo é sujeito ou objeto da oração adjetiva, ele pode assumir a forma *which* ou *that*, e a oração adjetiva não é separada da principal por meio de vírgula.

Quando a oração adjetiva, nessas mesmas condições, refere-se a uma pessoa, devemos usar *who* ou *that* – se o pronome é sujeito da oração – e *whom* ou *that* se o pronome é objeto da oração:

The man who/that told you this story was lying.
[O homem que lhe contou esta história estava mentindo.]

The ladies whom/that we met were Welsh.
[As senhoras que conhecemos eram galesas.]

Quando o pronome relativo é objeto da oração adjetiva restritiva, podemos omiti-lo:

We stayed at the hotel he recommended to us.

The ladies we met were Welsh.

Agora observe os seguintes exemplos:

The Grand Hotel, which had the best accommodations in town, was destroyed by the earthquake.
[O Grand Hotel, que tinha as melhores acomodações da cidade, foi destruído pelo terremoto.]

We stayed at The Grand Hotel, which he recommended to us.
[Nós ficamos no Grand Hotel, que ele nos recomendou.]

John Gardiner, who is our present chairman, was born in London.
[John Gardiner, que é o nosso atual presidente, nasceu em Londres.]

John Gardiner, whom we all admired, has gone back to London.
[John Gardiner, que nós todos admirávamos, voltou para Londres.]

Observe que, nesses períodos, todas as orações adjetivas são separadas por vírgula e podem ser omitidas sem que a oração principal fique incompleta. São as chamadas subordinadas adjetivas explicativas. Nesses casos, são usados os pronomes relativos *which* (sujeito e objeto não animados), *who* (sujeito animado) e *whom* (objeto animado), não podendo ser omitidos.

O quadro a seguir sintetiza as diferenças entre as orações adjetivas:

Subordinada adjetiva restritiva	Subordinada adjetiva explicativa
Não são separadas por vírgula.	São separadas por vírgula.
Usa-se *which/that* ou *who, whom/that.*	Não se usa *that.*
O pronome relativo objetivo pode ser omitido.	O pronome relativo objetivo não pode ser omitido.

Exercício

Escolha a palavra correta. Confira suas respostas nas páginas 223-4.

1 *How does this* affect/effect *you?*

2 *There were* adverse/averse *trading conditions which* affected/effected *our profit.*

3 *He* alluded/eluded *to her in his speech but I can* assure/ensure/insure *you it was accidental.*

4 *The manager was responsible for* appraising/apprising *the team based on the number of successful sales calls each month.*

5 *He set a trap with the wallet as* bait/bate *and watched with* baited/bated *breath.*

6 *It was not a pretty* cite/sight/site: compared to/with *the last visit, it had changed out of all recognition.*

7 *He* complemented/complimented *me on my delivery style, but I wasn't* complacent/complaisant: *he would expect more next time.*

8 *She talked* continually/continuously, *which meant we couldn't hear the performance.*

9 *We've been asked to* copyright/copywrite *the leaflet: it needs to* complement/compliment *the website.*

10 *His* counsil/counsel *was* different from/to/than *the previous advice we had received.*

11 *There were three* criteria/criterion: *weight, size and height.*

12 *She went to the meeting,* despite/in spite of her *misgivings.*

13 *She is so* effective/efficient: *everything is always delivered on time.*

14 *He was* disinterested/uninterested *and made the perfect referee.*

15 *The report* elicited/illicited *a swift response.*

16 *The desk was* discreet/discrete *from the table – at least four* meters/metres *away.*

17 *They* defused/diffused *the situation by announcing it was time for lunch.*

18 *The decision was* eminent/immanent/imminent*: then we would be entering the next* faze/phase.

19 *They refused to listen to any* farther/further *demands.*

20 *We had no cause to worry: the material was* flammable/inflammable/non flammable.

21 *They summarized the report verbally for the marketing director and* I/me.

22 *He* flaunted/flouted *his credentials but he wasn't offered the job.*

23 *I was late so I had to* forego/forgo *the first session.*

24 *There was a secret* hoard/horde *of stationery in the cabinet.*

25 *The factory needed* fewer/less *wool than before and produced* fewer/less *jumpers.*

26 *The garage was* licenced/licensed *to sell spare parts for all vehicles.*

27 *We have* lead/led *the market but we could* loose/lose *our position unless we increase productivity.*

28 *None of the interviewees* was/were *suitable for the job.*

29 *The new production line will* militate/mitigate *the impact of shorter working hours.*

30 *We needed to be* practicable/practical*: it just wasn't* practicable/practical *to get there and back in two hours.*

31 Who/whom *did you talk to this morning?*

32 *The council* meeted/meted *out fines to all transgressors.*

33 *It was a common* practice/practise *to leave early on a Friday.*

34 *We could see he was* prevaricating/procrastinating *because he simply wasn't ready.*

35 *We followed all the* principals/principles *we had been taught by our parents.*

36 *The client told us to end the contract* that/which *had not been respected.*

37 *When I arrive,* who/whom *should I contact?*

38 *I had run out of* stationary/stationery, *so I rang the supplier.*

39 *The money we'd set aside for tax was* sequestered/sequestrated *by the officials.*

40 Who/whom *could possibly be our representative in Berlin?*

TESTE

Leia os períodos e faça as correções necessárias. As respostas estão nas páginas 224-5.

Este teste vai rever os princípios básicos de gramática que estudamos na Parte 1 deste livro. Sempre que tiver dúvida, volte a lê-los.

1 *They felt that they had one and, only one, chance to succeed.*
2 *The company was astonished at the quality but still stuck to it's decision.*
3 *In 12 year's time they will reach their maximum.*
4 *There are a number of items that you will need to bring paper with complimentary envelopes pens preferable red black and blue CD's stapler and paper clips.*
5 *It's time to take the decision as to whether you are going to make an addition to the team.*
6 *She handed it to Gavin and I: the affect was immediate.*
7 *She was so impressed with my writing that she compared it with Shakespeares!*
8 *Only ten people applied for the job, which was far less than she expected.*
9 *The pharmacy lost it's license: the reason was because of lack of organization.*
10 *Annie forgot her passport number. When she was asked about it by the French officer.*
11 *The governments' new policy had farther impact on the prices of PC's.*
12 *In the 1990's, the companies' managing director was appointed for three years service.*
13 *There was only one word for it; really terrible!*
14 *Whilst he was out of the room, the team enquired about the future prospects for the organization.*

15 *The general consensus was that the brochure was quite perfect. But it would have to be replaced in six month's time.*

16 *The childrens' teacher would not divulge anything on principal.*

17 *Trefoil was determined not to loose the contract, but they were faced with a bleak outlook for future prospects.*

18 *In the morning as soon as Im awake I put my phone on: its part of my job.*

19 *None of the team want to go. Although it would have been fun.*

20 *Sayed was satisfied the delegates had listened learnt and worked hard now they were really going to think about their use of the English language.*

Parte 2
Comunicação diária

COMUNICAÇÃO DIÁRIA

Agora que você conhece alguns fundamentos da comunicação escrita em inglês, vamos aos diferentes tipos de textos que você precisará produzir ao longo de sua atividade profissional. Vamos examinar desde as formas mais simples de comunicação escrita, como o fax e o memorando, até as mais complexas, como os relatórios e orçamentos. Esses documentos poderão ser vitais para o sucesso comercial de uma empresa e o bom desempenho de um profissional.

Cartas

Por que uma carta?

No mundo dos negócios, as cartas estão sendo rapidamente substituídas pelos *e-mails* como principal forma de comunicação escrita. Mas a carta continuará sempre a ser um importante elemento dos contatos comerciais. Na verdade, para algumas pessoas e alguns objetivos, as cartas continuam sendo o principal meio de comunicação. E o próprio fato de serem cada vez mais raras acaba por tornar mais importante seu efeito sobre o destinatário.

A carta comercial oferece muitas vantagens:

- Parece muito mais profissional que um *e-mail*, particularmente quando é escrita em papel timbrado e, portanto, traz a marca nítida da empresa.
- Quando bem redigida, tem um efeito mais marcante e definitivo sobre quem a lê. Os *e-mails*, às vezes, podem dar a impressão de algo mais vago, provisório e até não muito profissional.
- É fácil de ser copiada e arquivada.
- A assinatura do remetente lhe dá um tom mais pessoal e, portanto, de comprometimento e seriedade. Receber um envelope, abri-lo e dele tirar uma carta tem um efeito psicológico mais contundente do que simplesmente receber um *e-mail* na tela do computador.

É claro que os *e-mails* são mais imediatos, mas isso às vezes pode ser desvantajoso. Com muita frequência, os *e-mails* são escritos e enviados com muita precipitação, o que provoca respostas também precipitadas e pouco consistentes. Por serem menos imediatas, as cartas dão ao destinatário a oportunidade de rever e refletir sobre seu conteúdo mais minuciosamente.

Preliminares

Antes de começar a escrever uma carta, é importante planejá-la. Ao redigi-la, é preciso ter em mente os seguintes pontos:

- O que você pretende com a carta: enviar informações novas, apresentar-se, dar prosseguimento a uma conversa, responder a alguma questão, vender alguma coisa, fazê-la acompanhar o envio de algum objeto, dar instruções?
- Quem é o destinatário? Você o conhece bem? O que ele sabe a respeito do conteúdo de sua carta? Quanto ele já sabe e quanto mais precisa saber? Ele está familiarizado com o assunto e com a terminologia empregada?
- O que é preciso dizer? Até que ponto é preciso dar explicações? Qual o assunto central da carta? Quais os detalhes de fato necessários?
- Qual é o resultado esperado? O que você quer que o destinatário faça? A carta exige uma resposta? O assunto poderá continuar sendo tratado por telefone ou a carta deverá ser o ponto final?

A estrutura de uma carta comercial

Há algum tempo as cartas em inglês variavam muito de estilo, mas hoje praticamente existe um consenso quanto à sua forma. O estilo mais comum – e que parece mais profissional – é o conhecido como estilo "justificado", ou seja, sem recuo marcando as mudanças de parágrafo. Esse estilo foi definido ainda nos tempos da máquina de escrever, quando a eliminação da margem e de parte da pontuação poupava tempo para o datilógrafo, aumentando sua produção. Na verdade, o estilo cria uma aparência mais agradável.

Esta carta é um exemplo do estilo justificado:

Suits for You
54 High Street
Bristol
BS1 4ZZ

14 November 2011
Ref: AC/504/BB

John Smith
Managing Director
Busby Shirts Ltd
Busby House
Walton Street
London
EC1V 4VW

Dear Mr Smith

Order for cotton shirts

Following our telephone conversation this morning, I would like to confirm my order for 36 cotton shirts.

As discussed, we will display these in a prominent position in our shop window. We will also promote them to our customers through our regular newsletter.

I would like to take this opportunity to thank you for your support and I look forward to continuing our joint venture.

Yours sincerely

Frederick Jones
Managing Director

Suits for You
54 High Street
Bristol
BS1 4ZZ

14 November 2011
Ref: AC/504/BB

John Smith
Managing Director
Busby Shirts Ltd
Busby House
Walton Street
London
EC1V 4VW

[Prezado Sr. Smith

Pedido de camisas de algodão

Dando sequência ao telefonema desta manhã, gostaria de confirmar meu pedido de 36 camisas de algodão.

Conforme o combinado, vamos exibi-las com destaque em nossa vitrine. Também vamos promovê-las junto a nossos clientes por meio de nosso *newsletter* regular.

Aproveito a oportunidade para agradecer sua atenção e espero que nossa parceria tenha continuidade.

Sinceramente

Frederick Jones
Diretor-gerente]

Examine o modelo de carta da página anterior e observe:

- A carta se inicia com o endereço do remetente. Isso não será necessário se você estiver escrevendo em papel timbrado em que já conste esse endereço.
- A data vem logo após o endereço do remetente.
- A referência vem logo abaixo da data. Sua função é ajudar a localizar a informação em um arquivo, por isso muitas empresas a utilizam. Muitas vezes ela aparece logo após a saudação.
- O nome do destinatário e seu endereço aparecem alinhados à esquerda, sem nenhuma pontuação. Atualmente, aceita-se que o nome do destinatário não venha acompanhado da forma de tratamento (em nosso caso, John Smith em vez de Mr Smith ou Dr Smith). Se for norma da sua empresa o uso de um tratamento, será importante manter a coerência. Cabe lembrar que em inglês americano usa-se Mr., Dr. etc., com ponto.
- A saudação é alinhada à esquerda, sem pontuação. Veja na página 104 um item específico sobre as formas de saudação a serem usadas.
- Após a saudação, aparece um título que esclarece o assunto da carta. É um procedimento útil, mas nem sempre necessário.
- O texto é alinhado à esquerda, sem margem e com espaço duplo entre os parágrafos.
- A frase de encerramento também é alinhada à esquerda, sem pontuação. Veja nas páginas 104-5 um item sobre as formas que podem ser usadas.
- O nome e o cargo do remetente são alinhados à esquerda, sem pontuação.

Data

A forma mais comum de escrever a data em correspondência comercial é *14 November 2011*. Outras formas aceitáveis são *14th November 2011*, *November 14 2011* ou *November 14th 2011*. O importante é você adotar uma forma e usar sempre a mesma.

Endereço

O formato mais comum é escrever cada elemento em uma linha:

Mr D Smith
Managing Director
Smith & Co Ltd
Smith Street
London
EC1 2DD

Saudação

Siga as seguintes orientações ao se dirigir à pessoa para quem está escrevendo:

- Sempre use *Dear* [Caro, Cara].
- Se possível, chame o destinatário pelo nome, em vez de usar apenas *Sir/Madam* [Senhor, Senhora].
- É cada vez mais comum utilizar apenas o primeiro nome nas cartas comerciais, mas pode não ser adequado adotar essa conduta para com determinados destinatários.
- Se você desconhece o nome do(a) destinatário(a), dirija-se a ele(a) como *Dear Sir* ou *Dear Madam*. Se o sexo do destinatário é desconhecido, use *Dear Sir/Madam*.
- Não use nenhum tipo de pontuação.

Encerramento

Algumas observações sobre as maneiras de encerrar sua carta:

- As cartas comerciais geralmente terminam com *Yours sincerely* ou *Yours faithfully*, que correspondem ao nosso "Sinceramente seu".
- Existem regras estritas que determinam o uso de uma ou outra dessas formas (ver a tabela da próxima página). Em resumo: ao usar a forma de tratamento *Dear Sir/Madam*, sempre termine sua carta com *Yours faithfully*; ao usar apenas um nome em sua saudação, nunca use *Yours faithfully*.
- Se o destinatário é seu conhecido, use uma frase mais informal, como por exemplo *With best regards* (ver a tabela na página seguinte).
- Não use nenhuma pontuação.

Situação	Saudação	Encerramento
O nome do destinatário é desconhecido	Dear Sir Dear Madam Dear Sir/Madam	Yours faithfully
O nome do destinatário é conhecido	Dear Mr Smith Dear Mrs Jones Dear Mrs Davis Dear Dr Williams	Yours sincerely
O destinatário é bem conhecido, o que dispensa a formalidade	Dear Andrea Dear Colin	With best wishes With best regards Kindest regards All the best

Conteúdo

Uma carta comercial sempre deve ser:

- **Clara**: ela deve expressar exatamente o que você quer dizer, sem deixar dúvidas quanto a seu objetivo e aos próximos passos. Para isso, observe as regras de redação que apresentamos na Parte 1 deste livro.
- **Completa**: não deve deixar nada sem explicação e nenhuma pergunta sem resposta.
- **Concisa**: deve dizer tudo o que é necessário e apenas uma vez.
- **Correta**: deve descrever os fatos corretamente, no tom adequado ao assunto e ao destinatário, e sem erros de gramática (ortografia, pontuação etc.).
- **Cortês**: não deve conter insultos, mesmo que se trate de uma queixa ou reclamação.
- **Cuidadosa**: não deve conter exageros nem ameaças.
- **Revisada**: depois de escrita, a carta deve ser cuidadosamente revisada. Pense em como o destinatário irá interpretá-la, se não há nada que possa dar origem a dúvidas ou mal-entendidos.

Considere esses itens os "sete mandamentos" das cartas comerciais.

A estrutura da carta

Para estruturar uma carta, tente pensá-la sempre dividida em três partes.

A **introdução** já deve esclarecer por que você está escrevendo. Com frequência consiste em um único parágrafo, que já deve fazer referência a qualquer contato que tenha sido feito anteriormente (por exemplo, uma carta, um *e-mail*, uma reunião ou uma conversa telefônica).

O **corpo principal** desenvolve o assunto, apresentando-o com detalhes. Essa parte pode ter vários parágrafos. Para maior clareza, pode-se fazer uma divisão em itens, desde que eles abranjam toda a questão e os sete mandamentos sejam respeitados.

O **desfecho** reafirma o objetivo da carta (com o uso de frases como *Once again, thank you for your interest* [Mais uma vez, agradeço seu interesse] e resume o passo seguinte do processo. Com frequência, essa parte se encerra com uma frase como *I look forward to hearing from you* [Aguardo seu pronunciamento].

Exemplo

A carta na página 107 apresenta a estrutura que sugerimos, com uma enumeração dos itens. Observe que ela segue nossos "sete mandamentos" e que, apesar do conteúdo, o tom cortês é mantido.

Jolly Good Restaurant
7 The Parade
Manchester
M2 6MM

19 November 2011

Peter Harris
1 The Square
Manchester
M1 4DD

Dear Mr Harris

Thank you for your letter. I am very sorry you were not satisfied with the service you received at our restaurant. I would however make the following points:

- You had booked a table for 8pm and arrived at 8.50pm. We carefully stagger our bookings to ensure we can give the maximum attention to each of our guests. Unfortunately your late arrival disrupted our careful planning for the evening.
- Your booking was for four people but your party comprised six. We did our very best to accommodate you but inevitably there was some pressure on space.
- We do not claim to be a family restaurant and therefore your request for children's portions was not possible.

We do however accept that the service you received was not up to our normal standards, and we would like to make this up to you in some way. We would therefore like to offer you a free bottle of house wine to accompany your meal if you visit our restaurant on another occasion.

Yours sincerely

Peter Chef

Jolly Good Restaurant
7 The Parade
Manchester
M2 6MM

19 November 2011

Peter Harris
1 The Square
Manchester
M1 4DD

[Prezado sr. Harris

Obrigado por sua carta. Lamento muito que não tenha ficado satisfeito com o serviço que lhe foi oferecido em nosso restaurante. Contudo, gostaria de lembrar os seguintes pontos:

- O senhor havia reservado uma mesa para as 20h00 e chegou às 20h50. Organizamos cuidadosamente nossas reservas para oferecer o máximo de atenção a todos os nossos clientes. Infelizmente, seu atraso comprometeu nosso cuidadoso planejamento para a noite.
- Sua reserva era para quatro pessoas, mas o senhor chegou com um grupo de seis pessoas. Fizemos o melhor que pudemos para acomodá-los, mas era inevitável que o espaço ficasse reduzido.
- Não nos anunciamos como um restaurante para famílias, portanto não foi possível atender seu pedido de porções para crianças.

Contudo, reconhecemos que o serviço que lhe foi oferecido não esteve de acordo com nossos padrões tradicionais e desejaríamos, de alguma forma, compensá-lo por isso. Portanto, gostaríamos de lhe oferecer uma garrafa grátis de nosso vinho da casa para acompanhar sua refeição se o senhor voltar a nosso restaurante.

Sinceramente

Peter Chef]

Exercício

Examine a carta abaixo e reescreva-a em estilo, estrutura e forma adequados. Compare sua versão com a da página 226.

The IT Centre
50 Oxford Street
Bournemouth
BH1 9AA

19th November, 2011

Mr. P. Smith,
1 The avenue,
New Malden
Surrey
K.T.3 1BB

Dear Mr P Smith

Please find herewith for your convenience 30 ink cartridges. Let me know you have received them. This is what you asked for when we talked on the phone today. As I mentioned, they are the last we have in stock but we may get some more soon. I think you'd like to have more when they arrive.

Yours faithfully

Mr Jones
Warehouse Manager

Lembretes

- Planeje sua carta e defina seus objetivos antes de escrevê-la.
- Escreva sua carta no formato-padrão.
- Tenha o cuidado de usar a saudação e o encerramento adequados.
- Sua carta deve seguir os "sete mandamentos" das cartas comerciais, ou seja: ela deve ser clara, completa, concisa, correta, cortês, cuidadosa e revisada.

E-mails

O *e-mail* está se tornando a principal forma de comunicação no mundo dos negócios e, em muitos casos, está substituindo outras formas de comunicação escrita e verbal.

É muito fácil cometer erros em *e-mails*. É importante vê-los como cartas eletrônicas e dedicar-lhes a mesma atenção que a uma carta comercial tradicional. Todas as regras para a escrita de uma carta se aplicam ao *e-mail*, inclusive os "sete mandamentos" da carta (ver páginas 105-6). Talvez no caso do *e-mail* o item mais importante seja revisão: examine sua mensagem com atenção e pense bastante antes de clicar na opção "enviar".

Por se tratar de um meio de comunicação instantâneo, o *e-mail* leva muita gente a redigir respostas precipitadas, sem fazer a devida revisão. Tende-se a usar uma linguagem mais informal, toma-se menos cuidado com o conteúdo e não se reflete muito sobre a maneira como o destinatário poderá entendê-lo. Muitas vezes o tom de bate-papo pode ser mal interpretado pelo destinatário.

Assim, ao redigir um *e-mail*, tenha em mente uma regra básica: seja cuidadoso e certifique-se de que está dizendo exatamente o que tem a intenção de dizer. Se possível, escreva o *e-mail*, mande-o para os seus "rascunhos" e torne a lê-lo antes de enviá-lo.

Regras para escrever um *e-mail*

Com a difusão do uso do *e-mail*, criou-se um sistema de regras específicas para esse meio de comunicação:

- Lembre-se de que é fácil repassar um *e-mail* para outras pessoas, às vezes até inadvertidamente, e de que sua origem é sempre identificável. Assim, nunca se sabe exatamente quem vai ler sua mensagem. Por isso não escreva por *e-mail* nada que possa ser comprometedor.

- Não se precipite ao responder a um *e-mail*. Escreva e releia sua resposta várias vezes antes de enviá-la. Pense bem nas possíveis interpretações de seu *e-mail*. Você pode achar que está dizendo uma coisa, mas o destinatário pode "lê-la" de outra maneira. Procure deixar bem clara sua mensagem.
- Antes de mandar cópias para outras pessoas, pense nas implicações disso. Enviar uma cópia para o chefe do destinatário pode parecer uma ameaça; enviar cópia para um colega ou subordinado pode parecer menosprezo.
- Evite escrever em LETRAS MAIÚSCULAS. Isso vai parecer que você está gritando, além de estranho e pouco profissional.
- Evite o excesso de pontos de exclamação ou elipses (reticências depois das palavras...). Isso diminui o efeito do *e-mail* e parece pouco profissional.
- Use com parcimônia e cuidado os "emoticons" (aquelas figurinhas criadas pela combinação de caracteres do teclado). A palavra resulta da junção das palavras inglesas *emotion* e *icon*. Eles podem incomodar algumas pessoas. Tente dizer a mesma coisa com palavras.
- Evite usar abreviaturas e acrônimos em excesso (ver o quadro nas páginas 117-8). Muita gente pode não entendê-los. Só os use com pessoas que você conhece bem.
- Lembre que todas as pessoas para quem é enviada uma cópia de um *e-mail* têm acesso à lista dos outros destinatários e seus endereços eletrônicos. Isso pode ser interpretado como invasão de privacidade. Use a função de cópia oculta. Se estiver enviando o *e-mail* para um grupo de pessoas que não se conhecem, envie cópias ocultas a todas elas e escreva seu endereço como destinatário.

Antes de escrever

Antes de começar a redigir seu *e-mail*, há várias questões que devem ser consideradas. Em primeiro lugar, assegure-se de que o endereço esteja correto. Em geral, os endereços são sempre escritos em caixa-baixa (letras minúsculas). Procure sempre se certificar da sigla dos países destinatários. Por exemplo, a Inglaterra, a Escócia, o País de Gales e a Irlanda do Norte têm como sigla uk (United Kingdom – Reino Unido); os Estados Unidos dispensam a sigla.

Preencha o espaço reservado ao *Assunto* com uma palavra ou expressão que resuma o teor do seu *e-mail*. Há pessoas que deletam seus *e-mails* quando não têm ideia do seu conteúdo.

Saudação e despedida

Evite o coloquial *Hi* [Oi, olá] para iniciar seu *e-mail*, a menos que se trate de alguém que você conhece bem e que não se sentirá ofendido com esse tipo de saudação. Prefira a forma *Dear Sajid* [Caro Sajid] ou apenas o nome da pessoa: *Sajid*.

Se estiver escrevendo para alguém que só conhece de nome, é perfeitamente aceitável concluir seu *e-mail* com *Yours sincerely*, embora seja uma forma empregada raramente. Se estiver escrevendo para alguém com quem já manteve contato, use *Regards*, *Best regards*, *Kindest regards* ou algo semelhante.

A maior parte das empresas estabelece um formato-padrão para a assinatura de *e-mails*. Em geral nessa assinatura constam seu nome completo, o cargo que ocupa na empresa, o endereço e o número de telefone. Às vezes também se incluem outras informações gerais sobre a empresa, tais como número de fax, *website* e, se houver, o *slogan* da companhia. Também é a empresa que decide se essa assinatura deve aplicar-se a todos os *e-mails* ou apenas aos de resposta. Mas nunca se esqueça de acrescentar seu nome (apenas o nome ou nome e sobrenome).

O texto

Proceda com os *e-mails* do mesmo modo que com as cartas (ver página 106). Conceba sua mensagem dividida em três partes: uma introdução, um texto principal e um desfecho.

Exemplo

Veja abaixo um exemplo de *e-mail* bem redigido.

To: steve@genericcampaigns.com
From: sam@lighthouse.co.uk
Subject: Marketing Proposal
Attachment: Generic Campaigns Marketing Proposal October 2011

Steve:

As promised, I attach our Marketing Proposal for the organic cheese project.

We've taken on board all the points raised at our last meeting and have incorporated them in section 3. We have also added key messages and profiles of our team.

If there's anything else you need, then please let me know.

With best regards

Sam

Sam Watson
Lighthouse Communications
7 Romsey Street, Southampton SO1 2BB
Tel: 023 765 4233
Mobile: 07000 123456
www.lighthousecomms.org
Lighting up your marketing.

To: steve@genericcampaigns.com
From: sam@lighthouse.co.uk
Subject: Marketing Proposal
Attachment: Generic Campaigns Marketing Proposal October 2011

[Steve:

Conforme prometido, envio em anexo nossa Proposta de Marketing para o projeto do queijo orgânico.

Levamos à diretoria todos os pontos levantados em nossa última reunião e os relacionamos na seção 3. Também acrescentamos mensagens-chave e os perfis de nossa equipe.

Por favor, avise-me se precisar de mais alguma coisa.

Sinceras saudações

Sam]

Sam Watson
Lighthouse Communications
7 Romsey Street, Southampton SO1 2BB
Tel: 023 765 4233
Mobile: 07000 123456
www.lighthousecomms.org
Lighting up your marketing.

A linguagem

Os *e-mails* tendem a ter um estilo bastante informal, mas isso não implica que não devam ser claros. Em caso de dúvida, adote um estilo formal. Aqui vão algumas sugestões:

- Se o *e-mail* for endereçado a alguém de fora da empresa, aplique as mesmas regras que para a redação de uma carta. O estilo deve ser formal.
- Se o *e-mail* é interno (ou seja, para algum colega de trabalho), você pode ser menos formal, mas sem deixar de ser cuidadoso.
- Para responder a um *e-mail*, use um tom semelhante ao do original.
- Lembre que seu *e-mail* pode ser facilmente repassado para outras pessoas: cuidado com o que diz.

Anexos

Muitas vezes, usa-se o *e-mail* para mandar documentos ou outros arquivos. Algumas observações para esses casos:

- Pense no nome do arquivo que vai anexar. Não use nomes muito genéricos, pois podem passar despercebidos ou se perder entre outros documentos com nomes parecidos. Dê ao arquivo um nome que seja marcante e significativo para o destinatário.
- Assegure-se de estar anexando o arquivo correto e em sua versão mais recente.
- Cuidado ao anexar arquivos muito longos, pois nem sempre os destinatários estarão devidamente equipados para recebê-los.
- Certifique-se de que o destinatário tem o *software* apropriado para abrir o arquivo anexado.

Abreviações

O uso de abreviações é muito comum em *e-mails*. Muitas palavras e expressões recorrentes são representadas apenas por algumas de suas letras. Atualmente muitas delas são usadas rotineiramente, mas sempre é bom verificar se o destinatário está familiarizado com elas.

Aqui estão algumas das abreviações mais comuns nos *e-mails* escritos em inglês:

Abreviações	Significado	Tradução
AFAK	*as far as I know*	pelo que eu saiba
AFK	*away from the keyboard*	longe do teclado
ASAP	*as soon as possible*	assim que possível
ATB	*all the best*	tudo de bom
B4	*before*	antes
BAK	*back at keyboard*	de volta ao teclado
BBL	*be back later*	volto mais tarde
BTDT	*been there done that*	estive lá, fiz aquilo
BTW	*by the way*	a propósito, por falar nisso
CLD	*could*	passado de *can*
CUL8R	*see you later*	vejo você depois
F2F	*face do face*	cara a cara
FAQ	*frequently asked question*	pergunta frequentemente formulada
FYI	*for your information*	para sua informação
GAL	*get a life*	expressão de enfado ou escárnio, que poderia ser traduzida como "vá procurar o que fazer" ou "vá procurar sua turma"
GTG	*got to go*	tenho que ir
HTH	*hope this helps*	espero que isto ajude

IMHO	*in my humble opinion*	em minha modesta opinião
IMO	*in my opinion*	em minha opinião
IOW	*in other words*	em outras palavras
L8	*late*	tarde, atrasado
LOL	*laughing out loud*	rindo alto (quando alguém escreveu alguma coisa engraçada)
MSG	*message*	mensagem
MYOB	*mind your own business*	cuide da sua vida
NE1	*anyone*	qualquer um; alguém; ninguém
NRN	*no reply necessary*	não é necessário responder
NW!	*no way!*	de jeito nenhum
OMG	*Oh my God!*	Oh, meu Deus!
OTOH	*on the other hand*	por outro lado
PLS	*please*	por favor
POV	*point of view*	ponto de vista
TBD	*to be discussed*	a ser discutido
THRU	*through*	através de (esta grafia já é corrente no inglês americano)
TIA	*thanks in advance*	agradecimentos antecipados
TNX	*thanks*	obrigado
TTYL	*talk to you later*	falo com você mais tarde
TVM	*thanks very much*	muito obrigado
WRT	*with regard to*	quanto a, com relação a
XOXOXO	*hugs and kisses*	abraços e beijos

Exercício

Este é o *e-mail* de um fornecedor para um novo cliente. O *e-mail* está endereçado a Barbara Bathson, e é de Nigel Marr, consultor de vendas sênior de uma firma de material elétrico, a Bright Lights Ltd. A data de hoje é 8 de novembro de 2011. Especifique o assunto e reescreva o *e-mail* no formato, estilo e linguagem adequados. Compare sua versão com a da página 227.

Hi.

Got your order yesterday - 7 Macintosh glass lampholders and three pull switches. Should be despatched tomorrow but can't be sure. Will let you know, when I find out, when you will receive them. BTW the seventh lampholder will be free because of a special offer we've got on at the moment.

We're really pleased to have got your order and to be supplying you with this ☺

Cheers.

Nigel

Lembretes

- Ao escrever um *e-mail*, tome sempre os mesmos cuidados exigidos na redação de uma carta.
- Observe o "netiquette" convencional dos que utilizam o *e-mail* como forma de comunicação.
- O fato de os *e-mails* serem informais não significa que se possa descuidar do estilo e da clareza.
- Lembre que os *e-mails* podem ser facilmente repassados: cuidado com o que escreve.

Faxes e memorandos

Fax

A palavra *fax* é a forma simplificada de *facsimile*. O fax passou a ser usado com menos frequência depois do advento do *e-mail*, mas ainda tem um papel importante na correspondência comercial. É particularmente útil quando se deseja enviar uma informação urgente que não pode ser transmitida por *e-mail* (por exemplo, cópias de documentos ou confirmação de pedidos rápidos em papel timbrado).

Este é um exemplo de como um fax pode ser escrito:

Computer Resources
15 Way Road
Watford
WD1 1AS

FAX

To: Fred Hughes   From: Peter Jones
Fax: 0112 34567   Date: 1st January 2011
Tel: 0112 34566 No. of pages: 4
Re: 2011 Catalogue

Fred:

Attached are the three pages we discussed, with corrections marked. Please let me know if you have difficulty reading them.

We'll expect the next version on Monday morning.

Thanks.

Peter

Computer Resources
15 Way Road
Watford
WD1 1AS

FAX
To: Fred Hughes From: Peter Jones
Fax: 0112 34567 Date: 1st January 2011
Tel: 0112 34566 No. of pages: 4
Re: 2011 Catalogue

[Fred:

Seguem anexas as três páginas que discutimos, com as correções assinaladas. Por favor, avise-me se tiver dificuldade em lê-las.

Aguardamos a próxima versão na segunda-feira de manhã.

Obrigado,

Peter]

Se você tiver que enviar informações por fax, siga estas orientações:

- O fax sempre deve ter uma folha de rosto, que inclui os detalhes do remetente (nome, números de telefone para contato), data, número de páginas transmitidas, destinatário e assunto.
- O estilo pode ser conciso, mas geralmente é formal.
- Nem sempre é necessário incluir uma saudação ou uma despedida formal.
- Os faxes podem ser assinados a mão, a menos que sejam gerados automaticamente por computador.

Memorando

O memorando está ainda mais ameaçado que o fax, pois já foi quase inteiramente substituído pelo *e-mail*. Contudo, algumas empresas ainda o utilizam como meio de comunicação entre os funcionários.

Quanto à forma, o memorando é semelhante ao fax. Ele deve conter:

- detalhes do remetente, tais como nome, departamento, número do ramal telefônico e endereço eletrônico
- o nome do destinatário, departamento ou nome de seu grupo
- a lista dos que vão receber cópias do memorando (indicada por "Cc")
- a data
- o assunto

A linguagem do memorando deve ser formal e concisa, mas não há necessidade de saudação nem de encerramento formal.

A estrutura deve seguir a mesma ordem da carta: uma introdução explicando o objetivo do memorando, o texto principal com os detalhes e um desfecho que resume os próximos passos ou os resultados aguardados.

A regra geral é que os memorandos devem ser o mais concisos possível: uma página, no máximo duas.

Exemplo

Segue um modelo de memorando:

Memo

To: Marketing Department
From: Sally Smith, Personnel (sally@reallybigroup.com); ext 234
Cc: Personnel Department
Date: 1st November 2011

Subject: Christmas party

We've been asked to organize this year's party and would welcome input from Marketing.

We have a number of questions and would appreciate your thoughts:

- Should we hold the party at lunchtime or in the evening?
- Should partners be invited?
- What format should it take: a meal, a disco or simply drinks and snacks?
- Should we hold it as normal in the convention centre or is there another suitable venue?

We'd be grateful for your input by the end of the week.

Many thanks.

Memo

To: Marketing Department
From: Sally Smith, Personnel (sally@reallybigroup.com); ext 234
Cc: Personnel Department
Date: 1st November 2011

[**Assunto: festa de Natal**

Solicitaram-nos que organizássemos a festa deste ano e gostaríamos de contar com a ajuda do Marketing.

Temos algumas dúvidas e gostaríamos de saber sua opinião:

- Devemos fazer a festa na hora do almoço ou à noite?
- Os cônjuges devem ser convidados?
- Que tipo de festa deverá ser: uma refeição, uma discoteca ou apenas drinques e salgadinhos?
- Devemos realizá-la, como de costume, no centro de convenções ou existe algum outro local adequado?

Pedimos que mandem a resposta até o final da semana.

Muito obrigado.]

Lembretes

- O fax e o memorando devem ser concisos e formais.
- Inclua detalhes do remetente e do(s) destinatário(s), bem como a data e o assunto numa folha de rosto (no caso do fax) ou o cabeçalho (no caso do memorando).

Material para reuniões

Agenda

O sucesso de uma reunião depende tanto de uma agenda bem planejada quanto de uma coordenação firme e resoluta. Antes de uma reunião, é importante reservar algum tempo para pensar no que precisa ser discutido e em que ordem.

Uma agenda deve ser breve e objetiva. Deve conter uma lista básica das coisas a serem discutidas e a ordem em que devem ser discutidas. Geralmente, enviam-se com antecedência cópias aos participantes da reunião, de modo que todos possam se preparar para ela.

A agenda deve conter os seguintes itens, mas nem sempre todos são necessários:

- tema ou motivo da reunião
- data, hora e local
- lista dos convocados a participar, geralmente em ordem alfabética, os funcionários em primeiro lugar
- escolha da mesa (isso não será necessário se já houver uma mesa constituída)
- justificativa de ausências (que podem ser enviadas com antecedência ou apresentadas durante a reunião)
- ata da última reunião: oportunidade para rever atas anteriores, corrigir erros e dar aprovação formal
- assuntos levantados: oportunidade para os participantes comentarem o que for relevante sobre os itens discutidos na reunião anterior
- corrrespondência recebida: cartas, *e-mails* etc. de que os participantes deverão tomar conhecimento
- relatórios de funcionários: oportunidade para que a coordenação e outros funcionários relatem suas atividades a todos os participantes

- assuntos específicos para discussão: itens que devem ser tratados durante a reunião e já são previamente conhecidos
- qualquer outro assunto (AOB = *any other business*, em inglês): itens não conhecidos previamente, levantados pelos participantes
- próxima reunião: acerto da data, da hora e do local

Exemplo

O *layout* de uma agenda deve ser claro e conciso, como neste exemplo:

Arts Foundation Committee Meeting
28th November 2011
7.30pm, Loxborne Village Hall

Attendees: Anne Witheney (Chair), Paul Booth (Treasurer), Harriet Cases (Secretary), Isabelle Marcel, Simon Kidd, Carl Badgen, Michael Tamplin, Shelagh Wright.

1. Apologies
2. Minutes of last meeting: held 26th September 2007
3. Correspondence
4. Chair's Report
5. Treasurer's Report
6. Items for discussion
   6.1. Somerset Awards for All grant application
   6.2. Festival of Song
   6.3. Art in the Community project
   6.4. Logo and new stationery
7. AOB
8. Date and venue for next meeting

[Reunião do Comitê da Fundação das Artes
28 de novembro de 2011
19h30, Loxborne Village Hall

Participantes: Anne Witheney (Presidente), Paul Booth (Tesoureiro), Harriet Cases (Secretária), Isabelle Marcel, Simon Kidd, Carl Badgen, Michael Tamplin, Shelagh Wright.

1. Justificativas de ausência
2. Ata da última reunião: realizada em 26 de setembro de 2011
3. Correspondência
4. Relatório do Presidente
5. Relatório do Tesoureiro
6. Itens a serem discutidos:
   6.1 Inscrição para o prêmio Somerset Awards for All
   6.2 Festival da Canção
   6.3 Projeto Arte na Comunidade
   6.4 Logo e material novo
7. OAB
8. Data e local da próxima reunião]

Ata de uma reunião

A ata, também conhecida como minuta, é o registro formal de uma reunião. Seu objetivo não é relatar tudo o que foi discutido, mas apresentar um breve resumo das reuniões. Sua função mais importante é registrar todas as decisões tomadas e, especificamente, as providências que deverão ser tomadas e por quem. A ata deverá ser um lembrete para quem participou da reunião e uma fonte de informação para quem não participou.

Aqui vão algumas orientações para elaborar uma ata:

- Siga os mesmos padrões aplicáveis à estrutura da agenda.
- Adote um tom formal: a ata deve ser impessoal, geralmente escrita na voz passiva (ver páginas 11-4); deve-se também empregar o discurso indireto em vez do registro das palavras como foram ditas.
- Os períodos devem ser curtos e concisos.

- Todas as decisões tomadas devem ser anotadas de maneira clara; se houver uma votação, todos os votos deverão ser registrados de modo claro.
- As decisões sobre as tarefas a serem executadas devem ser todas anotadas, especificando os assuntos e as pessoas que vão executá-las.
- Adote um sistema de numeração simples e claro, pois isso facilitará a referência a pontos específicos em futuros documentos.

As atas geralmente incluem os seguintes itens:

- título com o nome da comissão ou a natureza da reunião
- data, local e horário de início da reunião
- nomes dos participantes (geralmente em ordem alfabética, mas com os nomes de maior relevância em primeiro lugar)
- justificativa das ausências
- todas as correções às atas de reuniões anteriores, além da aprovação formal
- assuntos que possam surgir: notas sobre eventuais atualizações dos itens discutidos na reunião anterior
- relatórios dos que dirigem a reunião: notas sobre o relatório do presidente, tesoureiro, secretário e outros
- itens a serem discutidos: os itens constantes da agenda, com um breve resumo das discussões e das decisões tomadas
- outros assuntos: itens levantados na reunião, inclusive nomes das pessoas que os levantaram, um breve resumo da discussão que se seguiu e as ações definidas
- data, hora e local da próxima reunião
- horário de encerramento da reunião

Exemplo

A título de exemplo, na página 129 está uma ata da reunião cuja agenda foi mostrada na página 126.

Relatório de contato

Relatório de contato é o nome que se dá a uma ata realizada durante uma reunião de negócios entre duas ou mais organizações diferentes, em que se discutiu um projeto ou um contrato.

Arts Foundation Committee Meeting
28th November 2011
7.30pm, Loxborne Village Hall

Attendees: Anne Witheney (Chair), Paul Booth (Treasurer), Harriet Cases (Secretary), Isabelle Marcel, Simon Kidd, Carl Badgen.

1. Apologies: Michael Tamplin, Shelagh Wright.

2. Minutes of last meeting: held 26th September 2011. The total funds in the current account were £456 not £465. With this correction, the Minutes were approved and signed.

3. Matters arising: none.

4. Correspondence:
4.1. A letter had been received from Lord Axbridge, enclosing a cheque for £50 to support the Foundation's activities. It was agreed that the Secretary would write a letter of thanks. **Action: HC.**

5. Chair's Report:
5.1. The Chair had attended the LDC quarterly meeting: this was very poorly attended and no decisions were made.
5.2. The Chair had discussed using the Loxborne Village Hall for meetings with the Chair of the Parish Council: this can continue until the end of 2008.

6. Treasurer's Report: There was no change to the financial position.

7. Items for discussion:
7.1. Somerset Awards for All grant application: no news had been received from Somerset CC. The Secretary agreed to chase. **Action: HC.**
7.2. Festival of Song:
- Three more choirs had agreed to participate: Steam, Gravel Heat and Midsummer Madness.
- Mrs Smith had agreed to the use of her garden.
- Steve Rayman was now designing the posters and would deliver the artwork by the end of December.

7.3. Art in the Community: following a discussion, a vote was taken and it was unanimously agreed to postpone the event until Autumn 2012.
7.4. Logo and new stationery: no progress had been made. The Secretary agreed to ask Steve Rayman to quote for this project. **Action: HC.**

8. AOB:
8.1. IM asked if members could let her know their preferences for the Christmas dinner by e-mail by 15th December. **Action: All.**
8.2. CB reminded members that he would present his paper on Community Art on 3rd January at Axbridge Town Hall, 7.30pm. Tickets are still available.
8.3. It was agreed that in future minutes would be circulated electronically rather than by post. Members should send their e-mail addresses to the Secretary at AFC@bt.com. **Action: All.**

9. Date and venue for next meeting:
Friday 27th January, 7.30pm, Ashford Village Hall.

The meeting closed at 8.45pm.

[Reunião do Comitê da Fundação das Artes
28 de novembro de 2011
19h30, Loxborne Village Hall

Participantes: Anne Witheney (Presidente), Paul Booth (Tesoureiro), Harriet Cases (Secretária), Isabelle Marcel, Simon Kidd, Carl Badgen.

1. Justificativa de ausência: Michel Tamplin, Shelagh Wright.

2. Ata da última reunião: realizada em 26 de setembro de 2011. Na conta-corrente havia £456, e não £465. Com essa correção, a ata foi aprovada e assinada.

3. Novos assuntos: nenhum.

4. Correspondência:
4.1. Uma carta foi recebida de Lord Axbridge, com um cheque de £50 em favor das atividades da Fundação. Concordou-se que a Secretária enviasse uma carta de agradecimento. **Ação: HC.**

5. Relatório do Presidente:
5.1. O Presidente assistiu à reunião trimestral da LDC: contou com poucos participantes e não se tomou nenhuma decisão.
5.2. O Presidente usou a sala de Loxborne Village para suas reuniões com a Presidência do Conselho Paroquial: isto pode prosseguir até o fim de 2008.

6. Relatório do Tesoureiro: Não houve mudança na situação financeira.

7. Itens para discussão
7.1. Inscrições para o Prêmio Somerset: não se recebeu nenhuma notícia do Somerset CC. A Secretária comprometeu-se a verificar. **Ação: HC.**
7.2. Festival da Canção:
- Três novos coros concordaram em participar: Steam, Gravel Heat e Midsummer Madness.
- Mrs Smith concordou com o uso de seu jardim.
- Steve Rayman estava desenhando os pôsteres e vai entregar a arte-final no fim de dezembro.

7.3. Arte na Comunidade: depois de uma discussão, foi feita votação e concordou-se unanimemente em postergar o evento até o outono de 2012.
7.4. Logo e novo material de escritório: não houve nenhum avanço. A Secretária comprometeu-se a pedir que Steve Rayman se ocupasse do projeto. **Ação: HC.**

8. AOB:
8.1. IM pediu que os membros lhe dissessem suas preferências para o jantar de Natal por *e-mail* até 15 de dezembro. **Ação: todos.**
8.3. Foi combinado que no futuro as atas seriam enviadas eletronicamente e não mais por correio. Os participantes deveriam mandar seus *e-mails* para o da Secretária: AFC@bt.com. **Ação: todos.**

9. Data e local da próxima reunião: Sexta, 27 de janeiro, 19, Ashford Village Hall.

A reunião encerrou-se às 20h45.]

Aqui vão algumas orientações para a realização desse tipo de relatório:

- A principal função do relatório de contato é registrar decisões e ações.
- O relatório de contato é menos formal do que a ata comum.
- A justificativa de ausências é rara.
- Não há relatórios dos participantes.
- Não há votações, apenas decisões unânimes.

Exemplo

Um exemplo de relatório de contato é apresentado na página 132.

Lembretes

- A agenda deve sempre conter uma lista dos pontos básicos a serem discutidos numa reunião, na ordem em que deverão ser discutidos.
- A ata apresenta um breve resumo do que foi discutido e de todas as decisões tomadas.
- A ata deve ser impessoal, usando a voz passiva e o discurso indireto.
- A agenda e a ata devem ser numeradas de maneira clara.

Contact Report

Client: TechnoForm
Date of meeting: 30th November 2011
Subject: PR Review
Attendees: Chris Rigby, Graham Brown (TechnoForm); Sally Thomas, Peter Thwaite (Good to Talk).

Website: Good to Talk had now reviewed and rewritten five pages of the TechnoForm website. These were approved and likely to go live next week.

Brochure: Some changes are needed to the layout of the back page to incorporate the overseas addresses. Good to Talk will arrange this with the designer and resubmit the design. **Action: GTT/ST.**

Features:
- The IT Talking article is now placed in Good Business magazine and should appear in February.
- The Broadband Narrowband article is with TechnoForm for approval and should be ready for the deadline of 3rd December. **Action: TF/GB.**
- Good to Talk will now prepare the press release on the Science Park contract and will submit to TF for approval. **Action: GTT/ PT.**

Media Training: This will take place on 6th January at the TechnoForm offices. Good to Talk will submit a pre-course questionnaire by the end of December. **Action: GTT/ST.**

Evaluation: The Evaluation Report will be ready for review by the end of January. This will include all coverage plus the advertising value equivalent. A full breakdown of likely coverage between January and March 2008 is also required. **Action: GTT/ST.**

Next meeting: to be arranged.

[**Relatório de contato**

Cliente: TechnoForm
Data da reunião: 30 de novembro de 2011
Assunto: Revisão de RP (Relações Públicas)
Participantes: Chris Rigby, Graham Brown (TechnoForm); Sally Thomas, Peter Thwaite (Good to Talk)

***Website*:** A Good to Talk revisou e reescreveu cinco páginas do *website* da TechnoForm. Essas páginas foram aprovadas e provavelmente estarão disponíveis na próxima semana.

Folheto: Algumas mudanças são necessárias no *layout* da última capa de forma a incorporar os endereços no exterior. A Good to Talk tomará as providências junto ao projetista e tornará a apresentar o *design*. **Ação: GTT/ST.**

Características:

- O artigo IT Talking será publicado pela revista *Good Business*, devendo aparecer em fevereiro.
- O artigo Broadband Narrowband foi enviado para a TechnoForm para aprovação e deverá estar pronto até 3 de dezembro. **Ação: TF/GB.**
- A Good to Talk vai preparar o *press release* do contrato com a Science Park e o submeterá à TF para aprovação. **Ação: GTT/PT.**

Treinamento de mídia: Deverá ocorrer em 6 de janeiro, nos escritórios da TechnoForm. A Good to Talk apresentará o questionário de um pré-curso no final de dezembro. **Ação: GTT/ST.**

Avaliação: O Relatório de Avaliação estará pronto para apreciação no final de janeiro. Ele incluirá toda a cobertura e o valor equivalente da publicidade. Uma interrupção total de cobertura semelhante entre janeiro e março de 2008 também se faz necessária. **Ação: GTT/ST.**

Próxima reunião: a ser definida.]

Relatórios

O que é um relatório?

O relatório é um documento formal, resultante de uma investigação ou pesquisa. Geralmente contém um número considerável de informações e, portanto, deve ser bastante claro e propiciar uma comunicação efetiva. A organização em seções e subseções facilita a compreensão e a clareza. Num relatório os aspectos mais importantes são a lógica da apresentação e a facilidade de consulta.

Antes de iniciar um relatório, identifique claramente os seguintes tópicos:

- **Motivo**: Por que estou escrevendo um relatório? Para propor uma mudança, rever algo que já ocorreu, registrar um incidente, resumir uma matéria mais densa, avaliar algo, propor algo, explicar um procedimento ou esclarecer um problema?
- **Objetivo**: Qual é o resultado esperado? O que deve ser passado para quem o ler? O relatório deve informar, descrever, explicar, instruir, avaliar, recomendar, provocar ou persuadir (ou todas essas coisas)?
- **Público-alvo**: Quem vai ler o relatório? Seus leitores estão familiarizados com esse tipo de documento? Quanto tempo levarão para absorvê-lo? Estão familiarizados com o assunto? O que eles já sabem e o que ainda precisam saber? Qual será sua reação diante da abordagem e do autor do relatório? Qual é o nível de compreensão desse público-alvo?
- **Recursos**: De quanto tempo disponho para elaborar esse relatório? De qual verba disponho para prepará-lo? Que recursos posso usar?
- **Informações**: De quais informações já disponho? Que dados e informações ainda preciso pesquisar? O que devo incluir e o que devo descartar?

Estrutura do relatório

A estrutura de um relatório varia de acordo com seu conteúdo e extensão, mas é possível apresentar um modelo básico. A título de orientação, apresentamos abaixo uma lista dos elementos mais comuns de um relatório, embora nem sempre seja necessário que todos estejam presentes:

- página de rosto
- sumário
- resumo
- diretrizes
- métodos de pesquisa
- levantamentos
- conclusões
- recomendações
- apêndices
- bibliografia
- índice

Vamos agora examinar cada uma dessas seções mais detalhadamente.

Página de rosto

Esta página deve conter os seguintes elementos:

- o título do relatório (muitas vezes é útil ter um título principal e um subtítulo mais explicativo)
- o autor, com nome e função
- a data
- outras informações relevantes, tais como a empresa/organização do autor, o nível de confidencialidade, um número de referência e todas as informações sobre direitos autorais.

Sumário

Esta página compreende uma lista completa de todo o conteúdo do relatório, com os números das seções e das páginas. Sua finalidade é facilitar o trânsito pelas diferentes seções. Lembre-se de que, se o relatório sofrer qualquer alteração depois de definido o sumário, será necessário verificar se os títulos e as páginas das seções continuam sendo os mesmos. Tradicionalmente, todo relatório com mais de quatro páginas exige um sumário desse tipo.

Resumo

O resumo só é necessário no caso de um relatório muito longo. O objetivo desta seção é apresentar de maneira breve os principais pontos: o objetivo, os principais levantamentos de dados, as principais conclusões e as principais recomendações. Embora venha em terceiro lugar no relatório, o resumo deve ser uma das últimas coisas a serem escritas. Ao redigi-lo, avalie quais as partes mais importantes e o que de fato precisa ser comunicado ao leitor. Nas páginas 198-9, apresentamos mais detalhes sobre como resumir informações.

Diretrizes

Esta seção estabelece as regras básicas: de que trata o relatório, o que lhe foi solicitado relatar e quem o solicitou, se você se ateve ao que lhe foi pedido ou se também se ocupou de outros temas.

Métodos de pesquisa

Esta seção explica os procedimentos empregados para produzir o relatório. Ela deve mostrar como você obteve as informações necessárias: por exemplo, por meio de entrevistas, reuniões, visitas a *websites*, estudo de materiais de referência ou observação de procedimentos. Também deve explicar as exigências, o alcance e os limites desses procedimentos.

Num relatório curto, é possível incluir as diretrizes e os métodos de pesquisa em uma única seção, que será chamada apenas de "introdução".

Levantamentos

Esta é a principal seção do relatório e apresentará os resultados de suas pesquisas, suas constatações, argumentos, opções e ideias. Esta parte deve ser factual e imparcial: trata-se apenas da apresentação de fatos, numa ordem lógica e coerente. Geralmente é a seção mais longa do relatório. Ao redigi-la, convém seguir um esquema lógico de títulos e subtítulos, para orientar o leitor. Alguns esquemas possíveis são explicados nas páginas 138-9.

Conclusões

Esta seção deve conter as principais deduções a partir da análise de seus levantamentos. Ela não deve conter nenhum material novo. Tenha em mente que não se trata de um resumo, mas de uma conclusão lógica de tudo o que foi dito antes. Alguns relatórios podem ter como objetivo apenas o levantamento de dados e informações, não comportando maiores análises nem conclusões. Nesse caso, é claro, não há necessidade desta seção.

Recomendações

Nesta seção são propostas as linhas de trabalho a serem seguidas em vista do material que você apresentou e com base nas conclusões a que chegou. Seu estilo será diferente. Por se tratar de recomendações, decerto empregará as palavras *should* [deveria] e *should be* [deveria ser] em vez de *is* [é] e *has been* [foi]. É aconselhável rever suas diretrizes antes de redigir suas recomendações, pois isso o fará ater-se a seu objetivo.

Nem todos os relatórios exigem uma seção apenas para as recomendações: alguns podem ser apenas uma exposição dos fatos, sem nenhuma recomendação para ações futuras; em outros, pode parecer lógica a combinação das conclusões e das recomendações em uma única seção.

Apêndices

Todo material que interromper o fluxo natural do relatório deverá ser colocado em um apêndice. Isso se aplica particularmente a todas as informações de apoio, tais como cópias de formulários usados para entrevistas, diagramas, mapas, tabelas ou listas. Os documentos em apêndice devem ser apresentados de acordo com a ordem em que são citados no corpo do documento e serão denominados de acordo com essa referência. É fundamental que o número, a letra ou o título usado para identificar um apêndice corresponda ao que lhe foi atribuído no corpo principal do relatório.

Bibliografia
Esta seção deverá conter uma lista, em ordem alfabética, de todo o material que tiver sido utilizado na elaboração do relatório, inclusive livros, *websites* e artigos de jornal.

Índice
O índice só será necessário se o relatório for muito longo. Deverá listar os termos-chave em ordem alfabética, com os números das páginas em que se encontram, para ajudar o leitor a localizá-los no corpo do relatório.

Sistemas de numeração

Além de ser fundamental para orientar a leitura de seu relatório, o sistema de numeração também facilita seu planejamento e organização. Ele vai garantir que a informação se apresente de maneira consistente ao longo de todo o relatório, além de fazer que pontos de igual importância recebam o mesmo tipo de atenção. Um sistema de numeração adequado reflete os diferentes níveis de informação do relatório.

Existem muitas formas de numerar os parágrafos e subparágrafos nos relatórios. O mais importante é ser coerente e usar um sistema que seja fácil de acompanhar.
Eis um exemplo de uma forma muito comum de numeração:

1. Resumo
2. Termos de referência
3. Levantamentos
3.1. Levantamentos externos
3.1.1. Nacionais
3.1.2. Internacionais
3.2. Levantamentos internos
3.2.1. Gerentes
3.2.2. Pessoal de apoio

As mesmas informações podem ser apresentadas usando-se um sistema de numeração diferente:

A. Resumo
B. Termos de referência
C. Levantamentos
  a) Levantamentos externos
    i) Nacionais
    ii) Internacionais
  b) Levantamentos internacionais
    i) Gerentes
    ii) Pessoal de apoio

Para a ordenação dos apêndices, podem-se usar números ou letras, mas é preciso usar um mesmo sistema o tempo todo. Se houver três apêndices, eles deverão seguir o formato Apêndice 1, Apêndice 2, Apêndice 3, ou Apêndice A, Apêndice B, Apêndice C.

Linguagem

Como em outras formas de textos comerciais, o mais importante é que o relatório seja escrito de maneira clara, concisa e correta. Mas também é importante lembrar que se trata de um documento formal, portanto seu tom e seu vocabulário devem ser objetivos e impessoais.

Eis alguns tópicos a serem observados:

- Nunca personalize um relatório usando frases como *I spoke to three people* [Falei com três pessoas]. Num caso como esse, costuma-se usar a forma passiva: *Three people were interviewed* [Três pessoas foram entrevistadas].
- Evite reproduzir falas, como, por exemplo: *She said 'I'd prefer to rent'* [Ela disse: "Eu preferiria alugar."] Dê preferência ao discurso indireto: *She indicated that her preference was to rent rather than buy* [Ela afirmou que preferiria alugar a comprar].
- Evite usar uma linguagem complicada. Use sempre um vocabulário simples.

- Evite o jargão técnico. Tenha em mente que quem vai ler seu relatório pode não estar familiarizado com termos técnicos. Também procure esclarecer as abreviações e os acrônimos, a menos que sejam previamente conhecidos.
- Lembre-se de que a seção de recomendações exige uma forma gramatical diferente: *should be done* [deveria ser feito] ou *may be done* [poderá ser feito].

Exemplo

Segue um exemplo de relatório que observa todas as regras básicas:

To: Julie Oliver, Managing Director
From: Alexander White, Training Manager
Date: 16 September 2011
Subject: Provision of in-house training courses

1. Introduction
The purpose of this report is to examine the feasibility of holding all training courses in house. External training providers were consulted, estimates of training costs were received and comparative costs examined. Questionnaires were completed by 80 employees from four departments and 10 of the respondents were interviewed by members of the training department.

2. Advantages
2.1 Following consultation with four of the company's regularly used external training providers, it was calculated that in-house training would reduce the present cost by 26% in the first year (see Appendix A).
2.2 It was felt by 65% of the staff that training courses could be better designed to suit the specific needs of the organization, and therefore bring benefit to the company as a whole.
2.3 45% of those who responded to the questionnaire felt that they were more likely to participate in training courses if they were held on site.

3. Disadvantages
3.1 Some respondents, particularly in the sales department, expressed concern that valuable business contacts arising

from external training courses would be lost if all training was held in house.

3.2 Some training needs are very specific, and may only be required by one or two staff members. It was felt that these could not always be met by in-house training courses, as the necessary expertise could not always be brought in from outside.

3.3 Participation in external training courses is seen by 30% of respondents as a perk of the job, and it was felt that this motivational factor would be diminished with the provision of all training in house.

4. Conclusions

As a result of the analysis of the advantages and disadvantages of providing all training in-house, the following conclusions can be drawn:

- Considerable savings will be made in the immediate future if in-house training courses are introduced.
- The staff response is favourable overall, particularly at higher levels of management, although in some departments the loss of external training courses is seen to be a real disadvantage, with the loss of business contacts.
- While many employees feel that in-house training is a positive move and is likely to increase participation, 30% regarded it as a loss of a perk.

5. Recommendations

- In-house training courses should be introduced where a significant number of participants are required to attend.
- Where there are fewer than five participants, external courses should be an option.
- Staff should be consulted regularly as to the level of satisfaction with in-house training courses, and feedback regarding motivational factors should be addressed.

[**Para:** Julie Oliver, diretora de treinamento
De: Alexander While, gerente de treinamento
Data: 18 de setembro de 2011
Assunto: Oferecimento de cursos internos de treinamento

1. Introdução

O objetivo deste relatório é avaliar a possibilidade de realização de todos os cursos de treinamento em âmbito interno. Foram consultados provedores de treinamento não pertencentes à nossa companhia; recebemos orçamentos referentes a cursos de treinamento; e os custos comparativos foram examinados. Questionários respondidos por 80 funcionários de nosso departamento foram tabulados e 10 desses funcionários foram entrevistados por membros de nosso departamento de treinamento.

2. Vantagens

2.1 Após consultas a quatro provedores de cursos de treinamento externos, calculou-se que o treinamento interno reduziria o custo atual em 26% no primeiro ano (ver Apêndice A).

2.2 Verificou-se que 65% dos funcionários acreditam que os cursos de treinamento poderiam ser mais bem definidos, de forma a atender às necessidades específicas de nossa organização e, portanto, trazer benefícios para a companhia como um todo.

2.3 Dos funcionários que responderam ao questionário, 45% opinaram que se sentiriam mais dispostos a participar de cursos de treinamento se estes fossem oferecidos internamente.

3. Desvantagens

3.1 Alguns funcionários que responderam ao questionário, particularmente no departamento de vendas, expressaram a preocupação de que valiosos contatos comerciais provenientes de cursos de treinamento externos seriam perdidos se todo treinamento fosse interno.

3.2 Algumas necessidades de treinamento são bastante específicas e podem dizer respeito a apenas um ou dois membros de nosso quadro de funcionários. Verificou-se que esses funcionários nem sempre poderiam ser atendidos por cursos internos de treinamento, já que a especialização necessária nem sempre é abordada nesses cursos.

3.3 A participação em cursos de treinamento externos é vista por 30% dos funcionários que responderam ao questionário como vantagem oferecida pelo empregador, e se verificou que o fator motivação diminui com a oferta de treinamento interno.

4. Conclusões

Como resultado da análise das vantagens e desvantagens de oferecer todos os cursos de treinamento em nossa companhia, chegou-se às seguintes conclusões:

- uma economia considerável será obtida num futuro imediato se introduzirmos cursos de treinamento inteiramente em âmbito doméstico;
- a resposta dos funcionários, como um todo, é favorável, particularmente nos níveis mais elevados de gerência, embora em alguns departamentos a perda de cursos externos de treinamento seja vista como real desvantagem, devido à perda de contatos comerciais;
- embora muitos empregados achem que o treinamento interno seja algo positivo e, se oferecido, sua participação aumentará, 30% deles o consideram uma perda de uma das vantagens de seus cargos.

5. Recomendações

- Os cursos internos de treinamento serão introduzidos quando atenderem a um número significativo de participantes.
- Quando houver menos que cinco participantes, os cursos externos deverão ser uma opção.
- Os funcionários deverão ser consultados regularmente quanto ao nível de satisfação com os cursos internos de treinamento, e o *feedback* relacionado aos fatores de motivação deverá ser levado em conta.]

Exercício

Reescreva o relatório das páginas 144-5 para torná-lo mais profissional e fácil de entender. Preste atenção nas Conclusões e nas Recomendações, e assegure-se de que elas sejam expressas de maneira apropriada. Compare sua versão com a que apresentamos nas páginas 228-9.

ASTEROID ELECTRO MECHANICAL SYSTEMS PLC

Investigation report into health and safety hazards at the Bournemouth site

Date of submission: 25 June 2011
Compiled by: PD Smith, Safety Officer
For the attention of: GH Merryweather, Managing Director

Terms of Reference
I was asked to investigate all the health and safety hazards at the Bournemouth site which may be in contravention of the Health and Safety at Work Act.

The Managing Director asked me to do this for the possible visit by the Government Inspector some time. I've just been appointed Safety Officer and was given a deadline of end of June 2007. I was asked to make recommendations for any improvements which should be made.

METHODS OF INVESTIGATION

I used four methods:

Legislation: I looked at the Health & Safety at Work Act.

Observation: I inspected the Research and Development Annex, the Production Workshops and the office-based departments (Personnel, Finance and Marketing). I spent two hours in each location, observing and taking notes.

Interviews: I interviewed the line managers for each location to ascertain whether they had observed any problems. I also asked them how well they knew their own responsibilities under the Act.

Informal discussions: I carried these out with some employees while carrying out observations.

Findings/analysis of information

Legislation: It's clear in this that all staff could be liable under the Act were an accident to occur. Responsibilities are clarified for senior management, supervisory staff and the employees themselves. A short guide appears in the first Appendix.

Observation:
R&D Annex: The environment here is a 'clean' one and conditions are generally good. However, I noticed during my visit that one young graduate trainee was observed attempting to lift a very heavy CO_2 cylinder. When I questioned him, he said he had been told to do this by the project leader and that all personnel had to do this from time to time to maintain tests.

The workshops: In most workshops, I could not see any problems, but in Workshop C the ventilation had broken down and men were working with open coats: it was a very hot day. These could easily catch in the machinery and cause accidents.

The offices: Generally, I felt these had good working conditions. The administration office however had too many extension leads and these were trailing all over the floor. I felt there is a general carelessness over trailing leads in all offices.

Interviews:
I asked the Project Manager about the CO_2 cylinders. He said he himself had lifted them sometimes and that one trainee had suffered from a strained back. He'd asked the R&D Manager for trolleys for this but none had arrived yet.

I asked the Workshop C Supervisor about the ventilation. He said he'd sent a memo to Maintenance a week earlier which had requested action but the reply said they were too short-staffed because of holidays and would do it 'as soon as possible'. He did realize his responsibilities, which had been covered in a training course.
I interviewed two relevant office supervisors: both indicated that the extension leads were needed.

Informal discussions with employees: no one seemed to realize his possible liability under the Act, although all employees had signed contracts of employment which stated that they were responsible for their own safety.

Conclusions
We need some kind of lifting method for the CO_2 cylinders. If there is a back injury, the company will be liable.
We need more temporary staff in the maintenance department to mend the ventilation.
If this were carried out, we could fit more sockets to get rid of trailing leads.
We need to carry out training for staff on safety at all levels.

Recommendations
We should contact Industrial Lifting Gear plc to help with the lifting problem.
We should engage four temporary maintenance staff. The managing director must demand immediate attention to the ventilation in workshop C and the supply of power sockets in the Administration Office.
The Training Office must run some safety courses for all personnel. I suggest Safety forms an important part of induction days.

Lembretes

- Ao escrever um relatório, concentre-se na apresentação lógica e na facilidade de referências.
- Use um sistema de numeração coerente para orientar os leitores.
- A linguagem deve ser impessoal, com o uso da voz passiva e do discurso indireto.

Propostas de vendas

O que é uma proposta de venda?

A proposta de venda é um documento enviado a um provável cliente, para garantir a realização de uma transação comercial, vender produtos ou uma ideia. A proposta de venda tem uma estrutura similar à de um relatório formal, mas deve ser mais persuasiva.

Há vários fatores que podem fazer com que uma proposta seja persuasiva: todas as suas sugestões devem se basear em argumentos ou fatos; ela deve ser criativa, oferecendo novas ideias e evitando repetir o que as pessoas já sabem; deve mostrar um compromisso sincero com a proposta; deve mostrar que o autor está ciente da posição do cliente e compreende seus problemas, seus mercados e suas atividades comerciais.

A proposta de venda deve ter uma sequência lógica que consiga prender a atenção do leitor desde o início, deixando claro o objetivo do documento, equacionando os problemas e persuadindo o cliente a adotar a solução proposta. Estes são os passos que podem ser seguidos:

- Deixe claro, desde o início, seu domínio do que vai ser apresentado. Comece por mostrar que você conhece as necessidades do destinatário. Dê detalhes de seu conhecimento sobre a atividade comercial dele ou o mercado em que ele opera. Isso fará que o cliente se sinta à vontade e confie em você.
- Exponha seus objetivos: esclareça o que o levou a escrever a proposta, sempre procurando não perder de vista a perspectiva de seu cliente.
- Apresente sua estratégia: mostre ao cliente como pretende alcançar seus objetivos.
- Procure abordar todos os pontos de possível resistência: custos, tempo, o que o cliente espera realizar ou receber. Esclareça todas as dúvidas para evitar questões futuras.

- Destaque suas vantagens: por que você ou seu produto é o mais indicado para as necessidades do cliente.

Estrutura de uma proposta de venda

Segue-se uma sugestão de esquema de proposta de venda de uma firma de consultoria ou agência. Esse esquema pode ser adaptado para diferentes objetos e diferentes setores comerciais:

- **Introdução**: Por que se está escrevendo essa proposta? Qual é o seu contexto? O que o destinatário deve esperar?
- **Conhecimento**: Mostre que você conhece o destinatário: quem ele é, o que faz, alguns fatos sobre o mercado em que ele opera, seus concorrentes, projetos semelhantes a esse que já foram desenvolvidos no passado.
- **Objetivos**: Afirme que você pode atender às expectativas do cliente e por quê.
- **Estratégia**: Apresente uma visão geral do que você está propondo para atingir esses objetivos.
- **Tática**: Dê detalhes sobre como vai atingir esses objetivos.
- **Entrega e custos**: Explique exatamente o que o cliente vai receber e quais serão suas despesas.
- **Avaliação**: Mostre como o programa será avaliado.
- **Sobre você e sua firma**: Diga quem é você, quem compõe sua equipe, qual é sua experiência e por que o cliente deve confiar em você.
- **Apêndices**: Acrescente outras informações necessárias para reforçar o que tiver sido exposto.

Dependendo da extensão da proposta, também se pode incluir uma página de sumário e um resumo (seguindo os mesmos procedimentos de um relatório-padrão).

Para a proposta de venda devem-se usar sistemas de numeração semelhantes aos empregados nos relatórios.

Linguagem

As propostas devem usar o mesmo tipo de linguagem dos relatórios. Também podem conter gráficos e diagramas que ilustrem certos aspectos específicos.

Lembretes

- Uma proposta de venda deve ser similar ao relatório quanto à estrutura, ao estilo e à linguagem.
- A proposta de venda deve incluir um elemento de persuasão. Seu objetivo é propor uma solução para um problema.

Planos e programas comerciais

O que é um plano comercial?

O plano comercial é um documento que apresenta algo novo para uso interno ou externo. Ele pode referir-se a diversas áreas:

- a apresentação de uma nova ideia de negócio
- uma estratégia de crescimento
- um programa para um período de atividades
- uma proposta de mudança

Essencialmente, o plano comercial é escrito no mesmo estilo de um relatório ou proposta, devendo ser estruturado em seções lógicas e numeradas. Também deve ser escrito num estilo impessoal e numa linguagem clara e concisa.

Devem-se fazer algumas perguntas antes de iniciar a redação de um plano comercial:

- Por que estou escrevendo isto? Que resultado pretendo obter?
- Quem vai ler este documento? Qual será o nível de conhecimento que essa pessoa tem do assunto? O que ela precisa saber?
- O que devo incluir? Que fatos são necessários, e até que ponto devo detalhar minha explanação?
- Quais são os pontos principais? Existem áreas subsidiárias que devem ser cobertas para dar sustentação ao corpo principal do plano?
- Que informação é necessária para dar suporte ao plano?

Estrutura de um plano comercial

A estrutura típica de um plano comercial deve conter as seguintes partes:

- página de rosto
- índice

- sumário
- introdução: a nova ideia comercial em poucas palavras
- fundamentação: a oportunidade, o contexto, o mercado atual
- detalhes do plano: o que a empreitada deve incluir, detalhes do serviço ou do produto, pessoal necessário, local, *marketing* etc.
- finanças: visão geral dos gastos e dos prováveis lucros, custos, investimento necessário
- pessoal: quem está envolvido; antecedentes e experiência
- riscos e ameaças
- próximos passos
- apêndice: cronograma; previsões financeiras; estrutura da empresa etc.

Lembretes

- O plano comercial deve ser similar ao relatório quanto à estrutura, ao estilo e à linguagem.
- Tenha em mente o que você está tentando obter e o que o leitor de seu plano precisa conhecer.

Apresentações eletrônicas

Material de apoio

As apresentações eletrônicas são empregadas para dar apoio a palestras e comunicações orais. A palavra-chave é *apoio*: com muita frequência, as apresentações são bastante complexas e as ilustrações simplesmente repetem o que se afirma oralmente. É importante que as apresentações de imagens sejam breves, servindo apenas para ilustrar os pontos-chave da apresentação oral. E lembre-se de que uma apresentação deve ser feita em proveito da plateia, e não do apresentador.

Uma apresentação eletrônica é, na verdade, um resumo do que se afirma. Ela deverá conter os pontos-chave na ordem correta. Sua função é concentrar a atenção da plateia e garantir que os participantes consigam acompanhar o que está sendo dito.

Não há nada pior que apresentar a uma plateia uma documentação extremamente complicada e longa: os participantes provavelmente terão sua atenção desviada para outra coisa. Uma apresentação de *slides* ou de um vídeo breve e simples vai prender a atenção e manter a plateia atenta.

Vale a pena dividir uma apresentação em duas etapas de preparação:

- Em primeiro lugar, selecione os *slides* como se fossem anotações para sua apresentação, e use-os como base para decidir o que você vai dizer.
- Em segundo lugar, volte aos *slides* e torne sua apresentação mais curta, de modo que possam efetivamente sumarizar sua exposição oral e prender a atenção da plateia.

A preparação de uma apresentação eletrônica

Não cabe aqui entrar em detalhes sobre a composição de *slides* e gráficos, mas seguem algumas sugestões que sempre convém ter em mente:

- Sempre comece com um *slide* que mostre o título de sua apresentação e o nome de sua firma.
- Apresente um *slide* com o sumário da apresentação no início, contendo em linhas gerais o que você vai dizer, e outro no fim, destacando os pontos mais importantes da apresentação.
- Use o menor número possível de *slides*. Para uma apresentação de 30 minutos, o máximo deve ser cerca de dez, e o número desejável é seis (uma regra áurea a ser seguida é a apresentação de um *slide* a cada cinco minutos).
- Apresente apenas um tópico a cada *slide*.
- Use um sinal gráfico antes dos itens de cada tópico; só use números se estiver explicando uma sequência.
- É possível usar duas colunas para os tópicos e itens, mas todos devem ser muito breves.
- Apresente em cada *slide* um máximo de seis ou sete itens com um máximo de sete palavras. Se estiver usando duas colunas, o número de tópicos e itens poderá dobrar.
- Use letras maiúsculas apenas como iniciais em cada tópico ou item ou para siglas.
- Use fontes simples e comuns.
- Evite o uso excessivo de gráficos – no máximo dois por *slide*.
- Mantenha um formato-padrão em todos os *slides* – por exemplo, apresente o logo de sua firma sempre na mesma posição e use as cores de maneira coerente.
- Use fontes de corpo razoável. O corpo das fontes deve ser mantido uniforme por toda a apresentação, ou seja, títulos sempre no mesmo corpo, itens sempre no mesmo corpo, etc. Nunca sobrecarregue um *slide*. Se o texto ultrapassar as margens, reduza-o ou subdivida a informação em dois *slides*.

Exemplos

Na página 156, apresentamos dois exemplos de *slides* bem elaborados. O primeiro é claro, conciso e apresenta um breve resumo do que se vai falar. O segundo mostra uma boa maneira de terminar o que parece ser um assunto praticamente resolvido, com um final incentivador.

Press Relations

What does the press want?

⌘ timely access to interesting, articulate experts and stories

⌘ newsworthy and usable releases

⌘ unbiased, well-written articles

Next steps

⌘ Agree terms

⌘ Meet February 5th

⌘ Put plan together

⌘ Get cracking!

[Relações com a imprensa

O que a imprensa deseja?

⌘ acesso conveniente a especialistas e histórias interessantes e articulados

⌘ comunicações importantes e úteis

⌘ artigos isentos e bem escritos]

[Etapas seguintes

⌘ Acordar termos

⌘ Reunir-se em 5 de fevereiro

⌘ Montar plano

⌘ Ir fundo!]

Exercício

1 O primeiro *slide* da página 156 contém informação demais. Nele já está quase todo o conteúdo que vai ser apresentado oralmente. Torne o *slide* mais curto e mais claro.
2 O segundo *slide* tem coisas interessantes a comunicar, mas é complexo demais. Reescreva-o para torná-lo mais claro. Compare suas versões dos dois *slides* com as que apresentamos na página 230.

How to proceed – one view

Top 10 Tips

- ⌘ Get both senior buy-in and grass roots support – early
- ⌘ Go global if you can – otherwise you'll end up with multiple communities, policies and branding
- ⌘ Map the benefits against your brand values and make sure there's a fit
- ⌘ Set clear objectives – work out what you want to achieve and plan accordingly
- ⌘ Make the business decisions first – the technology should follow
- ⌘ Being the first in your sector can give you unexpected PR and business advantage
- ⌘ Don't wait for everything to be perfect before you launch – chances are it never will be, and you'll miss your window of opportunity
- ⌘ Don't underestimate the time required after launch to nurture and prune
- ⌘ Put guidelines and a code of practice in place – and make them visible to visitors
- ⌘ Don't be afraid to experiment – on a small scale

Managing complex change

	+ skills	+ incentive	+ resources	+ action plan	= confusion
vision		+ incentive	+ resources	+ action plan	= anxiety
vision	+ skills	+ incentive	+ resources		
vision	+ skills	+ incentive		+ action plan	= false starts
vision	+ skills		+ resources	+ action plan	= gradual change
vision	+ skills	+ incentive	+ resources	+ action plan	= change

Lembretes

- Faça uma apresentação de *slides* breve e e simples.
- Os *slides* devem resumir os pontos principais.
- Procure usar um *slide* a cada cinco minutos de apresentação.
- Apresente um tópico por *slide*.
- Insira um máximo de seis ou sete itens ou subtópicos por *slide*.

Parte 3
As comunicações de *marketing* e corporativas

AS COMUNICAÇÕES DE *MARKETING* E CORPORATIVAS

Existem certos tipos de textos comerciais que, em geral, são de responsabilidade de especialistas internos ou externos; entre estes últimos estão as consultorias ou agências de *marketing*. Esta seção apresenta uma visão geral de como esses tipos mais complexos de textos devem ser escritos. Nela você vai aprender a fazer comentários sobre o conteúdo desses textos e a redigi-los de maneira prática.

Press releases

O que é um *press release*?

O *press release* é um texto elaborado para ser distribuído à imprensa e aos meios de comunicação em geral, com o intuito de divulgar informações sobre novos produtos, eventos, serviços etc. Aqui, a palavra-chave é *news* [novidades]. Também pode conter informações inéditas, como os resultados de uma pesquisa, o recebimento de um prêmio, o desempenho de algum funcionário ou até os efeitos de algum novo lançamento no mercado.

Antes de elaborar um *press release* é importante colocar-se numa perspectiva objetiva. O texto deverá ser do interesse do destinatário e não apenas da empresa ou organização que o está emitindo. Ao redigi-lo, é importante ter em mente estas perguntas: Ele é de fato do interesse de pessoas que não pertencem à nossa organização? Qual poderá ser a reação de um jornalista ao ler o texto? Lembre-se: o *press release* só deverá ser enviado aos meios de comunicação cujo *público* – leitor, espectador ou ouvinte – estiver interessado em sua mensagem.

O objetivo de um *press release* é conseguir cobertura, já que se trata de uma comunicação entre uma organização e o público-alvo específico (clientes potenciais, clientes de fato, investidores etc.) que usa a mídia como veículo de informação. Um *press release* não tem por objetivo comunicar-se *com* a imprensa; seu objetivo é comunicar-se *por meio da* imprensa.

Um bom *press release* deve ter estas qualidades:

- Deve ser utilizável por toda a mídia exatamente da maneira como foi escrito, portanto deve ser redigido no estilo empregado por jornais ou revistas.

- Deve ser lançado no tempo propício à recepção da nova informação. A velocidade é essencial: se houver algo novo e importante a dizer, assegure-se de que seu *press release* seja difundido o mais rápido possível.
- Deve ser claro. Lance apenas uma informação por vez e tenha certeza de que seu receptor terá condições de entendê-la.
- Deve despertar a atenção do jornalista de imediato. Pense que todas as formas de mídia recebem centenas de *press releases* por semana, pelo correio, *e-mail* ou fax. O seu será apenas mais um deles. Assim, você deverá fazer com que ele se destaque para que tenha maior chance de ser publicado e lido. Para isso, é fundamental seguir o esquema convencional (apresentado abaixo). Só assim ele terá a oportunidade de ser publicado;
- Deve ser escrito em estilo jornalístico, pois será utilizado por jornalistas. Então, dispense as afirmações pretensiosas, como, por exemplo, *the world's leading organization* [a maior organização do mundo] ou *the biggest and best product* [o maior e melhor produto]. O *press release* tem que ser factual: qualquer afirmação que ele faça deve ser comprovada. Evite adjetivos pomposos e uma linguagem floreada e emocional.
- Deve incluir apenas informações que você gostaria de ver publicadas; toda informação deve ser verificada e aprovada por alguém que faça parte do processo de sua divulgação.

Estrutura de um *press release*

Um *press release* bem-feito deve ter o formato de um "triângulo invertido". A informação mais importante aparecerá em primeiro lugar e as demais surgirão à medida que o texto avançar.

É extremamente importante escolher um título que chame a atenção. Talvez seja sua única chance de conquistar o jornalista. O título deve conter o núcleo da notícia em uma frase curta e sucinta, de modo que, ao lê-la, o jornalista sinta-se incentivado a continuar lendo.

O primeiro parágrafo deve conter os fatos, caso contrário o jornalista passará a ler o próximo *release* de sua escrivaninha. Os jornalistas interessam-se sempre pelos seguintes pontos: *quem* está escrevendo o *release*; sobre *o que* é o *release*; *quando* aconteceu; *onde* aconteceu; e *por que* o fato é diferente ou importante. O parágrafo de abertura deve expressar a essência do *release*, sem que seja preciso acrescentar-lhe outras informações.

Os parágrafos subsequentes devem desenvolver a história, fornecendo maiores informações, confirmando e expandindo o primeiro parágrafo. Inclua uma ou duas citações nesses parágrafos. Uma citação pode expressar uma opinião ou um comentário que sejam mais promocionais que o restante do *press release*. As citações devem ser de pessoas relevantes, tais como um representante de alguém apresentado no *release* (talvez o cliente, a figura central da notícia) e/ou o diretor administrativo da organização que está promovendo o *release*. As citações devem ilustrar a história e acrescentar-lhe um certo colorido.

O *press release* deve terminar com informações básicas sobre a organização nele mencionada. Esse parágrafo, em inglês, é comumente chamado de *boilerplate*, ou seja, um texto-padrão que pouco se altera de um *press release* para outro.

Por fim, inclua os detalhes de que a imprensa necessita: a data da redação, o nome da pessoa que pode fornecer maiores informações e como contatá-la, e outras informações úteis, como, por exemplo, se há fotos ou outros materiais disponíveis.

Seguem-se algumas orientações para a redação de um *press release* de acordo com a estrutura acima:

- Cada parágrafo não deve conter mais que quatro orações.
- As orações devem ser curtas e concisas, cada uma expressando uma ideia. Se uma oração for muito longa, divida-a em duas mais curtas.
- O *release* como um todo deve ser curto, nunca com mais de duas páginas.

Exemplo

A página 165 mostra um exemplo de *press release* claro, conciso e bem escrito. Observe os seguintes pontos:

- O título já deixa claro do que se trata.
- O primeiro parágrafo responde às perguntas *quem?*, *o quê?*, *quando?*, *onde?* e *por quê?*, apresentando o essencial do que vai ser dito.
- Os parágrafos subsequentes dão suporte ao primeiro parágrafo e constroem a história.
- O *press release* apresenta uma citação interessante e relevante, que esclarece a história.
- Também são apresentados um *boilerplate* adequado e outros detalhes úteis.
- A redação é objetiva, sem superlativos nem afirmações imprecisas.

A revisão de um *press release*

Se você tiver que revisar um *press release*, faça estas perguntas a si mesmo:

- O título chama a sua atenção e lhe diz do que trata a história?
- O primeiro parágrafo responde às perguntas *quem?*, *o quê?*, *quando?*, *onde?* e *por quê?*
- O *press release* tem uma única mensagem e a apresenta de maneira clara e coerente?
- Usa linguagem adequada a jornal ou revista?
- Contém alguma afirmação imprecisa ou parcial que precisa ser removida?
- Contém afirmações que provocam uma impressão negativa da organização?

INSTANTCASH ATMs INCREASE FOOTFALL AND SALES AT CENTRE NEWS

Increased footfall and customer spend are being experienced by Centre News as a result of installing cash machines in its convenience stores. The organization is now rolling out ATMs from independent deployer InstantCash across its network of community stores.

Centre News has almost 200 outlets, predominantly in the Midlands. The majority are newsagents but these are gradually being upgraded to convenience stores. The first InstantCash ATMs were installed in late 2010 and there is already a noticeable increase in footfall and sales.

ATMs are also providing Centre News with an extra revenue stream through a share of the convenience fee. Customers are charged £1.50 per withdrawal and Centre has experienced a positive reaction to this: customers recognize it as another convenient service for which they are willing to pay.

Centre News believes ATMs add value to the customers' shopping experience and are particularly convenient in its community sites. These tend to be on housing estates, away from high-street banks. In addition, they offer enhanced security when withdrawing cash, particularly for women.

Peter Ridge, Head of Retail Services for Centre News, is delighted with the results of installing ATMs from InstantCash: 'It's obvious in many stores that more people are coming in because of the cash machine. And every time we've put an ATM into a store, sales have increased. This, coupled with the convenience fee, is contributing to our profitability. We've been very impressed with the service offered by InstantCash and believe it offers the perfect package for a multi-site operator.'

(ends)

InstantCash is an independent ATM deployer and member of the LINK interchange network. Based in Bristol, its customers include Dry Leisure, Moon TV, Smith & Son and the FS Group. For more information, visit www.instantcash.net

For more press information, contact:
Sally Poole, 01211 522222, pr@prcom
26 April 2011

[CAIXAS ELETRÔNICOS AUMENTAM MOVIMENTO E VENDAS NO CENTRE NEWS

Um aumento no movimento e nos gastos dos clientes está ocorrendo no Centre News como resultado da instalação de caixas eletrônicos em suas lojas de conveniência. A organização está acelerando a instalação de ATMs (Automatic Teller Machines) usando a firma InstantCash para atender aos pontos de venda em toda sua rede.

O Centre News tem quase 200 filiais, predominantemente nas Midlands. A maioria são revistarias, mas elas estão sendo gradativamente transformadas em lojas de conveniência. Os primeiros caixas eletrônicos (ATMs) foram instalados no final de 2010 e já se observa um aumento no movimento e nas vendas.

As ATMs também estão propiciando ganhos extras à Centre News devido à taxa paga às lojas de conveniência. Os clientes pagam £1,50 por saque e a Centre News obteve uma reação positiva a esta prática: os clientes reconhecem que se trata de mais um serviço pelo qual eles estão dispostos a pagar.

A Centre News acredita que as ATMs incrementam a experiência de compra dos clientes e são particularmente convenientes nos locais em que foram instaladas. Estas geralmente se encontram em áreas residenciais, longe dos bancos das regiões centrais. Além disso, oferecem mais segurança durante os saques, particularmente às mulheres.

Peter Ridge, Chefe do Serviço de Varejo da Centre News, está encantado com os resultados da instalação de ATMs pela InstantCash: "É óbvio que muitas lojas estão sendo mais frequentadas devido aos caixas eletrônicos. E, toda vez que instalamos uma ATM numa loja, as vendas aumentam. Isto, aliado à taxa de conveniência, está contribuindo para a nossa rentabilidade. Estamos muito bem impressionados pelo serviço oferecido pela InstantCash e acreditamos que ela oferece o pacote de serviços perfeito para quem opera em vários lugares."

(fim da citação)

A InstantCash é uma instaladora independente de ATMs e membro da rede de permutas LINK. Sediada em Bristol, seus clientes incluem Dry Leisure, Moon TV, Smith & Son e o Grupo FS. Para maiores informações, visite www.instantcash.net

Para mais informações jornalísticas:
Sally Poole, 01211 522222, PR@prcom
26 de abril de 2011]

Lembretes

- O *press release* deve conter informações sobre algo novo.
- Deve seguir o formato de um triângulo invertido, com a informação-chave no primeiro parágrafo.
- Deve ser escrito em linguagem jornalística.
- Citações devem ser usadas para acrescentar colorido e comentários pessoais.

Folhetos e brochuras

Para que serve o folheto?

O folheto, ou brochura, geralmente é usado para divulgar um produto ou fazer propaganda de uma empresa. O elemento escrito desse tipo de documento é apenas um de seus aspectos: igualmente importantes são o *design* e o material em que é impresso.

O folheto ou brochura é uma peça autônoma de material de *marketing*. Deve ser completo e ter um alvo específico. Seu objetivo é informar, educar e persuadir, além de, em última instância, incentivar uma ação – geralmente uma compra ou uma busca de mais informações.

Como ponto de partida, as mensagens mais importantes devem ser estabelecidas e, depois, distribuídas pelo folheto. É provável que elas se concentrem apenas nos fatores de venda dos produtos ou serviços, naquilo que os torna diferentes dos outros concorrentes do mercado. O fator de venda pode ser a qualidade, o preço, a disponibilidade, a durabilidade, a variedade ou uma combinação de todos esses pontos.

A quem se destina o folheto?

Como sempre, devem-se ter em mente, antes de tudo, os destinatários. Por isso, sempre pergunte a si mesmo:

- O que eles desejam saber?
- Que informações eles já têm? O que ainda precisa ser explicado?
- Que tipos de pessoas vão ler o folheto e como ele poderá atender a suas diferentes expectativas?
- Até que ponto o folheto deve ser detalhado ou técnico?

Planejando um folheto

A melhor maneira de começar a planejar um folheto é fazer um esboço das suas diferentes seções. Isso ajudará a reunir ideias e fatos, e também a delinear o *layout* e a definir a extensão do folheto.

O esquema abaixo poderá ser utilizado na execução de um folheto anunciando uma linha de produtos a serem lançados no mercado:

- título, subtítulo, *slogan* ou lema da empresa
- visão geral do assunto: resumo da linha de produtos e benefícios para o usuário
- detalhes da linha de produtos
- produtos em ação – alguns estudos de caso
- serviços de apoio disponíveis
- histórico da empresa
- perfil do quadro de vendedores
- detalhes para contato

Um folheto para um hotel pode exigir uma forma diferente:

- nome do hotel e *slogan*
- descrição geral do hotel, incluindo as instalações mais importantes e a localização
- acomodações
- restaurante
- instalações de lazer
- equipe de gerência
- atrações nas proximidades
- preços
- detalhes para contato e mapa

Produzir esse tipo de esquema simples implica concentrar-se no que deve ser incluído e na extensão do folheto. O esquema também pode servir de base para um *design* provisório. O conteúdo agora pode ser elaborado em torno desses diferentes itens.

Estilo e linguagem

Aqui vão algumas orientações para realizar um bom folheto:

- O folheto deve ser simples de ler e dividido em seções de fácil compreensão. Utilize vários títulos, subtítulos e marcadores para guiar o leitor.
- Inclua apenas o que for absolutamente necessário – quanto mais breve for o folheto, mais eficaz será a comunicação de suas mensagens. Sempre se pergunte: "Isto é de fato necessário? O folheto ficará prejudicado se isto for omitido?"
- Não sobrecarregue o leitor com palavras. Um folheto simples e breve será mais fácil de ler. Sempre que possível, use imagens em vez de palavras.
- Lembre que você está tentando persuadir alguém a fazer alguma coisa como resultado da leitura do folheto. Assim, torne o texto ágil e interessante. Use adjetivos e advérbios descritivos.

Esses princípios são seguidos no exemplo abaixo:

> *Since its foundation in 1988, Intersafe has spearheaded network and information security. It is now Europe's leading security systems integrator, the trusted security partner for over 50 per cent of the FTSE 100, and employs some of the most skilled engineers in the industry.*
>
> [Desde sua fundação, em 1988, a Intersafe tem sido uma ponta de lança em *networking* e informações seguras. Hoje é o principal integrador de sistemas de segurança da Europa, parceiro confiável para mais de 50 por cento do FTSE 100, empregando os mais capacitados engenheiros da indústria.]

Observe o uso de palavras fortes como *spearheaded* [agir como ponta de lança]. Ao contrário do *press release*, o folheto pode usar palavras persuasivas como *leading* [principal], *trusted* [confiável] e *most skilled* [mais capacitados].

O próximo exemplo também exige uma linguagem descritiva, apropriada para um folheto promocional:

> *The Cranford Park Hotel stands in exquisite grounds laid out in the 18th century by famed garden designer Capability Brown. With colourful flower beds and magnificent tree-lined paths, it offers an oasis of calm and a magical experience for visitors and guests.*
> [O Cranford Park Hotel situa-se num belíssimo parque projetado no século XVIII pelo famoso paisagista Capability Brown. Com canteiros de flores coloridas e magníficas alamedas, oferece um oásis de calma e uma experiência mágica a hóspedes e visitantes.]

Este trecho de fato pinta uma paisagem e chama a atenção do leitor. Observe como o uso de adjetivos como *exquisite* [belíssimo], *colourful* [coloridos], *magnificent* [magníficas] e *magical* [mágica] dão vida à descrição.

Revisão de um folheto

Ao revisar um folheto, faça a si mesmo estas perguntas:

- Se eu fosse o receptor, o que este folheto representaria para mim?
- Ele diz tudo o que preciso saber para tomar a devida decisão?
- Sua leitura me torna mais propenso a tomar essa decisão do que se eu não o tivesse lido?
- Ele me conduz de maneira lógica ou me obriga a procurar a sequência da leitura?
- É interessante e persuasivo?
- É longo demais? É monótono? Será que é necessário ler tudo o que ele diz?
- As mensagens aparecem de maneira clara? Ele realmente comunica o que nossa organização está tentando dizer?

Lembretes

- Os folhetos devem apresentar as mensagens fundamentais de uma organização.
- Tenha em mente os requisitos do público-alvo.
- Use muitos títulos, subtítulos e destaques para fazer que o leitor percorra o texto de maneira lógica.
- Use palavras descritivas para tornar o texto ágil e interessante.

Mala direta

A mala direta é uma mensagem enviada por correio para informar ou persuadir o leitor, geralmente com o objetivo de levá-lo a uma ação. Frequentemente essas mensagens são enviadas sem que haja solicitação, por isso muitas vezes são recebidas com desconfiança ou hostilidade. Então é preciso que sejam escritas de maneira persuasiva para causar impacto e obter resultados.

Justamente por ser recebida quase sempre com hostilidade, a mala direta deve ter um impacto instantâneo, caso contrário irá direto para o lixo. Uma carta de mala direta deve atrair seu leitor *de imediato*, motivando-o a prosseguir a leitura.

As regras referentes às cartas comerciais tradicionais (ver páginas 99-106) aplicam-se igualmente à mala direta. Mas há uma fórmula eficaz, hoje amplamente aceita, para se estruturarem as cartas da mala direta. Essa fórmula ajuda a torná-las mais consistentes e persuasivas. Trata-se de planejá-las em quatro seções que seguem o acrônimo AIDA (Atenção, Interesse, Desejo, Ação).

A – Atenção

O primeiro passo é atrair a atenção do leitor, prendê-la e fazer que ele prossiga a leitura. Isso pode se traduzir num título forte ou num parágrafo muito bem redigido e persuasivo; ou pode ser uma combinação das duas coisas. Para conseguir esse efeito, pode-se:

- fazer uma pergunta à qual a resposta mais provável do leitor será *sim*
- afirmar algo que ele achará extraordinário
- referir-se a algo particularmente relevante para ele

I – Interesse

O passo seguinte é confirmar esse interesse, por meio da capitalização e expansão do que tenha, inicialmente, captado a atenção do leitor. Isso pode ser assim obtido:

- ampliando o primeiro ponto apresentado e dando mais informações
- apresentando algo novo que torne o leitor ainda mais interessado
- afirmando algo que o faça pensar: "Isso é fantástico!"
- afirmando algo que o faça pensar: "Isso realmente esclarece um problema que eu tenho."

D – Desejo

Depois de captar a atenção e o interesse do leitor, é preciso dar o golpe de misericórdia, apresentando algo que ele realmente deseja possuir ou saber, ou seja:

- um produto ou serviço novo ou importante
- uma oferta especial que torne algo mais interessante ou relevante que o normal
- uma oportunidade que ele não pode deixar passar
- uma solução para um problema

A – Ação

Depois de persuadir o leitor a desejar o que está sendo oferecido, será preciso facilitar a realização desse desejo. Assim, mostre ao leitor como proceder apresentando-lhe:

- quem ele deve contatar
- como deve fazer esse contato
- o prazo para o contato, se for o caso
- a forma como o leitor receberá o que deseja

PS

E, por fim, tente usar um *PS*. Isso lhe dará a oportunidade de afirmar algo que chame a atenção no pé da página. O olhar do leitor é naturalmente atraído para o *PS*; assim, saiba como explorar essa atração: fale de uma oferta especial, ou dê uma informação extra que incentive ainda mais o leitor a adquirir o produto ou serviço.

Personalização

Uma boa carta de mala direta deve soar como se fosse escrita por uma pessoa real para apenas um destinatário. Se possível, a carta deve ser personalizada, ou seja, isso significa que ela deve ser enviada a um indivíduo específico (mencionado pelo nome) e ter no texto alguma forma de referência pessoal. Isso a torna mais persuasiva, o que provavelmente lhe garantirá o sucesso.

Em muitos casos, é claro, essa forma de personalização não é algo prático. Outra boa maneira de personalizar uma carta de mala direta é encerrá-la com uma assinatura real. Se isso for possível, fará toda a diferença.

Extensão e linguagem

Tente escrever sua carta de mala direta em apenas uma página. Escreva parágrafos curtos e frases contundentes e concisas, usando uma linguagem clara mas persuasiva. Acima de tudo, torne-a pessoal: redija como se estivesse escrevendo uma carta a um conhecido.

E-mail marketing

Um *e-mail marketing* é uma mala direta enviada por *e-mail*. Existem normas que regulamentam o *marketing* por *e-mail* nos diferentes países. Na Grã-Bretanha, há os *Privacy and Electronic Communications (EC Directive) Regulations 2003*, que estabelecem os casos em que é permitido ou não enviar *e-mails* sem consentimento. Procure se informar sobre as leis em outros países, antes de enviar uma mala direta por *e-mail*.

As orientações para redigir um texto de *e-mail marketing* são essencialmente as mesmas que para a redação de uma mala direta tradicional, adaptadas ao formato de *e-mail*:

- Se houver alguém em sua empresa que seja conhecido dos destinatários, coloque-o como remetente. Caso contrário, mande a mensagem em nome da empresa.

- Parta de um assunto que seja ao mesmo tempo relevante e interessante.
- Se possível, personalize sua mensagem. É incrível como um *e-mail* personalizado atrai mais a atenção das pessoas.
- Se possível, inclua algo pessoal no texto, como, por exemplo, o nome da empresa dos destinatários, um evento de que ela tenha participado ou algo que tenha adquirido no passado.
- Siga o AIDA para captar a atenção do destinatário e incitá-lo a agir conforme o desejado. Escreva uma mensagem breve, com períodos curtos e numa linguagem incisiva e concisa.

Exemplo

Na página 177, você vai encontrar um bom exemplo de texto para ser usado como *e-mail marketing*, escrito no formato AIDA.

Revisão da mala direta

Ao revisar um texto de mala direta (em formato tradicional ou eletrônico), faça as seguintes perguntas:

- Esta carta dá a impressão de ter sido endereçada ao destinatário pessoalmente?
- Ela consegue captar a atenção de maneira incisiva logo de início?
- Desperta o desejo de saber mais e, portanto, continuar a lê-la?
- Oferece algo que tenha interesse para o destinatário?
- Explica claramente o que o fazer para obter o que está sendo proposto?

Lembretes

- É essencial conseguir prender a atenção do leitor logo de imediato.
- Use o formato AIDA: Atenção, Interesse, Desejo, Ação.
- Se possível, acrescente um detalhe pessoal.

Dear Mr Khan

Do you face demands from staff, suppliers or customers for web access to critical information?

Is the value of your legacy systems maximized within a modern IT infrastructure?

Are your disparate applications really communicating across the entire business?

And do you have the resources to cope with these challenges? That's where Zenith can offer support.

From time to time, your in-house IT skills may not be sufficient. You may come up against a complex technical problem; you may need extra resources; or you could simply benefit from outside advice and a different perspective.

My company, Zenith, offers a rare combination: a systems integration consultancy which solves your technology challenges based on a clear business understanding. Our highly experienced team will ensure your IT infrastructure genuinely fits around your business – and not the other way around.

We can step in when you need us: to complement your own team or work independently, to address resourcing issues or to brainstorm a specific IT concern.

We would like to explain further the advantages of working with Zenith. Click here to find out more about our services and our past successes, how we could work together, or to ask for one of our team to contact you.

Yours sincerely

Peter Cain

[Prezado sr. Khan

O senhor recebe demandas de seus funcionários, fornecedores ou clientes quanto ao acesso a informações importantes na web?

A capacidade de seus sistemas legados foi maximizada por uma infraestrutura de TI (Tecnologia da Informação)?

Suas aplicações diversificadas realmente possibilitam a comunicação por toda sua empresa?

O senhor tem recursos para enfrentar esses desafios? É aqui que a Zenith pode lhe ser útil.

Ocasionalmente, seus recursos internos podem não ser suficientes. O senhor pode se ver diante de um complexo problema técnico; pode precisar de recursos extras; ou, simplesmente, pode se beneficiar de orientação externa e uma perspectiva diferente.

A Zenith, minha companhia, oferece uma rara combinação: uma consultoria de integração de sistemas que resolve seus problemas tecnológicos com base numa clara compreensão profissional. Nossa equipe altamente experiente garante que sua infraestrutura de TI vai efetivamente se harmonizar com sua empresa – e não o contrário.

Estaremos à sua disposição sempre que o senhor precisar de nós: para complementar sua própria equipe ou trabalhar de maneira independente, para resolver questões de aplicabilidade de recursos ou um problema específico de TI.

Gostaríamos de dar mais detalhes sobre as vantagens de trabalhar com a Zenith. Clique aqui para saber mais sobre os nossos serviços e experiência, como podemos trabalhar em conjunto, ou solicitar que um membro de nossa equipe faça contato com sua empresa.

Sinceramente

Peter Cain]

Newsletters

A *newsletter*, ou boletim informativo, pode ser uma excelente forma de se comunicar regularmente e de modo mais ou menos informal com um determinado público. A chave para o sucesso da *newsletter* é assegurar-se de que ela é de interesse desse público e contém informações sólidas e úteis.

Como fica implícito no nome em inglês, a *newsletter* é uma combinação de notícia (*news*) e carta (*letter*). Deve conter notícias, informações de interesse atual, mas também ter um estilo pessoal. Para tanto, pode-se até iniciá-la com *Dear Customer* [Caro cliente] ou outra forma habitual de abertura.

As *newsletters* podem ser empregadas com diferentes objetivos: por exemplo, para comunicar-se com os funcionários, executivos, grupos de interesse especial, clientes potenciais, clientes tradicionais e acionistas. O tipo de leitor deverá definir o conteúdo.

O estilo pode variar um pouco, de acordo com o público-alvo, mas essencialmente uma *newsletter* deve ser:

- **Pessoal**: o tom pessoal chama a atenção do leitor. A *newsletter* é um meio de humanizar uma organização e dar-lhe uma identidade. É perfeitamente aceitável falar em termos de *we* [nós] e *you* [você, vocês].
- **Humana**: um texto bem-humorado e humano dá vivacidade e colorido à comunicação.
- **Periódica**: uma *newsletter* nunca é avulsa, ela faz parte de uma série periódica. Assim, crie e mantenha um estilo que inspire familiaridade e aproxime o leitor.
- **Sustentável**: pode ser que seja fácil encontrar material para o primeiro ou o segundo número, mas é preciso que a publicação se mantenha. Portanto, deve-se verificar se haverá informações

suficientes para garantir uma *newsletter* com a periodicidade prevista.

- **Escrita em estilo jornalístico**: os textos devem ser curtos, de modo que o leitor não se disperse. Além disso, as matérias devem seguir o esquema do triângulo invertido do *press release*: o primeiro parágrafo deve conter os fatos principais.
- **Equilíbrio entre *marketing* e jornalismo**: por um lado, a *newsletter* deve transmitir mensagens de *marketing* ou de vendas; por outro, deve parecer independente e conter informações úteis. O julgamento desse equilíbrio deve ser deixado a um especialista, mas cuidado para não perder o foco e inclinar-se demais numa só direção.

O bom conteúdo de uma *newsletter* deve incluir:

- um editorial ou comentário de alguém que ocupe um alto cargo, escrito na primeira pessoa e exprimindo uma opinião pessoal
- notícias sobre os funcionários, clientes, associados, eventos etc.
- notícias externas que sejam relevantes para o leitor
- desenvolvimento de notícias anteriores; atualização do que aconteceu desde a última *newsletter*
- perfis detalhados, tais como estudos de clientes ou um artigo sobre um determinado membro da equipe de funcionários
- calendário de eventos
- competições
- concursos

Exemplos

Na página 181 você encontra bons exemplos de *newsletters*:

London Marathon time is approaching, and the Timecom team is pounding the countryside around Beaconsfield en masse to avoid the loneliness of the long-distance runner. We're well on target to raise £100,000 for local charities through a series of events and sponsorship: there's one in particular which readers might like to take part in (see page 11). We'll report on how much we raise - and our blistered feet - in the next issue of Time IT.

[A data da Maratona de Londres está se aproximando, e a equipe da Timecom está acorrendo em massa ao campo ao redor de Beaconsfield para evitar a solidão do corredor de longa distância. Estamos em via de alcançar nosso objetivo de levantar £100.000,00 para obras de caridade locais, por meio de uma série de eventos e patrocínios: um, em particular, pode motivar o leitor a participar (ver página 11). Informaremos sobre a quantia que levantarmos - e sobre os nossos pés machucados - no próximo número de Time IT.]

Woks were sizzling and knives gleaming in the lightbulbs as celebrity chef Jim Thompson opened C&R's new in-house eating experience, The Food Stop. In true TV chef style, Jim prepared food for the assembled multitude, entertaining the crowds as he chopped and fried. The Food Stop promises to be a unique and innovative food experience and we look forward to welcoming you there in the near future.

[As panelas wok chiavam e as facas brilhavam à luz das lâmpadas enquanto o *chef* Jim Thompson inaugurava a mais nova experiência gastronômica da C&R, The Food Stop. Num verdadeiro estilo de *chef* de TV, Jim preparou comida para a multidão que se formou no local, entretendo-a enquanto cortava e fritava. O Food Stop promete ser uma experiência gastronômica única e inovadora, e esperamos poder recebê-lo num futuro próximo.]

Revisão da *newsletter*

Ao rever uma *newsletter*, faça as seguintes perguntas:

- Será que ela vai agradar ao público-alvo ou estará concentrada demais em itens que são de interesse apenas dos autores dos artigos?
- Existe variedade suficiente para oferecer algo de interesse a todos os leitores?
- É fácil se concentrar e ler as diferentes partes isoladamente?
- Sua leitura levará a conhecer algo sobre a organização que a está publicando?
- O leitor ficará ansioso por receber o número seguinte?

Lembretes

- Escreva em estilo jornalístico.
- Concentre-se em assuntos que são do interesse do público-alvo.
- Estabeleça um estilo próprio e mantenha-o.

Websites

Atualmente, toda organização procura ter seu próprio *website*. Ele é a vitrine que a mostra literalmente ao mundo todo. Sua importância é a efetividade da comunicação que propicia.

Para criar um *website* eficaz e garantir que esteja correto, será preciso começar pensando no uso que os visitantes farão dele e no que poderão procurar. Antes de tudo, é preciso ter em mente que muita gente não gosta de ler na tela do computador, pois cansa os olhos.

Há pessoas que correm os olhos rapidamente pela página e selecionam os pontos importantes. Quando desejam ler algo mais substancioso, procuram outros meios. Assim, o importante é facilitar essa tarefa de seleção.

É essencial criar um impacto imediato. Quer estejam apenas navegando pela internet ou procurando especificamente por seu *site*, os visitantes desejarão saber antes de tudo a que ele se refere, para poder decidir se vale a pena lê-lo. Mesmo depois de tomar essa decisão, desejarão percorrê-lo e assimilar suas mensagens rapidamente.

Assim, um *website* deverá provocar uma boa primeira impressão, aliada à brevidade, de modo que o leitor possa captar de imediato a que se refere a página e inteirar-se de seu conteúdo. Então, se desejar, ele poderá ler toda a página detalhadamente.

A primeira impressão não depende apenas do texto, mas também do *design* da página, do *layout*, da facilidade de navegação e da tecnologia empregada. Alguns *sites* pecam pelo excesso, trazendo incríveis animações e gráficos, que só conseguem desviar a atenção do visitante e fazê-lo perder tempo. Isso às vezes torna o *site* completamente inútil. Os melhores *sites* optam por uma combinação de simplicidade e profissionalismo, o que ajuda a leitura do visitante e sua compreensão do conteúdo, fazendo que ele volte outras vezes.

Linguagem, estrutura e extensão

A linguagem dos *websites* deve ser clara e simples. Siga as regras básicas usuais, mas tenha em mente os requisitos especiais da *Web*:

- Procure sempre escrever períodos e parágrafos curtos.
- Insira muitos títulos, subtítulos e marcadores nas listagens. Eles facilitam a leitura: o leitor percebe, num olhar, a que se refere a página, quais são os pontos principais e que seções ele realmente deseja ler.
- Não use números nas listagens, a menos que a informação esteja em ordem de importância.
- As páginas devem ser curtas: evite um texto extenso demais que acabe ficando oculto na base da tela. O visitante deve ser capaz de ver tudo em uma única janela. Se a página for longa demais, procure reduzi-la e colocar o que foi eliminado em um *link* secundário.
- Destaque as informações mais importantes, resumindo-as em apenas uma palavra ou frases curtas, para que chamem a atenção do leitor. Uma frase destacada por parágrafo é suficiente.
- Seja objetivo: escreva para o leitor, não para a organização. Evite superlativos e afirmações exageradas.

A *home page*

A *home page* [página inicial] deve ter tratamento diferente do restante do *site*. Esta é sua "porta de entrada" e deve ser atraente e acolhedora. Embora conserve o mesmo estilo do restante do *site*, ela terá conteúdo e *layout* diferentes. Deverá dar uma breve indicação do que trata o *site* – em dois parágrafos, no máximo. Não é preciso que haja longas explicações sobre tudo o que o *site* contêm. A *home page* deve ser uma mescla entre página de rosto com um título ágil e um sumário com *links* fáceis para o restante do *site*. A brevidade é fundamental.

Revisão da *home page*

Ao revisar uma *home page*, procure fazer-se estas perguntas:

- A *home page* me chama a atenção? Ela me estimula a avançar pelo *site*?
- A *home page* me dá uma boa ideia do conteúdo do *site*?
- As páginas são fáceis de ler? Posso percorrê-las rapidamente para ter uma boa ideia dos seus pontos principais?
- Eu acredito no que está sendo afirmado?
- Ela expressa as mensagens corretas a respeito da organização? Que impressão quem visita o *site* terá sobre a organização?

Lembretes

- Seu *website* deve causar uma forte primeira impressão no visitante.
- Facilite as coisas para que à primeira vista o leitor já perceba a que se refere cada página.
- Tenha o especial cuidado de escrever períodos e parágrafos curtos.

Comunicados financeiros

Este é um domínio que deve realmente ser reservado aos profissionais. Os comunicados financeiros exigem uma combinação de conhecimentos de contabilidade e capacidade para redigir, regida pelas regras estabelecidas por organizações como a inglesa Financial Services Authority [Autoridade de Serviços Financeiros]. Recentes processos judiciais mostram o risco de fazer afirmações sobre o desempenho financeiro que possam confundir o mercado. Deliberadas ou não, essas afirmações podem ser punidas severamente.

Se você trabalha para uma reputada agência de publicidade, qualquer comunicado ao público pode afetar a cotação de ações. Portanto, qualquer comunicado escrito deve ser examinado por um especialista que saiba o que pode e o que não pode ser informado ao público, para que não se corram riscos.

A solução é deixar a tarefa para os especialistas: seu departamento financeiro e consultores de investimentos.

Parte 4
Aprimore sua redação

APRIMORE SUA REDAÇÃO

Uma redação sempre envolve três etapas diferentes. Primeiro, você precisa planejá-la: pesquisar, ordenar suas ideias e, então, decidir como ela será estruturada. Depois, comece a escrever: faça um rascunho, revise-o e elimine trechos, se necessário, até que o todo lhe pareça satisfatório. Por fim, verifique se sua redação não contém erros e se está coerente. Esta seção do nosso livro vai se ocupar de cada uma dessas etapas.

Planejamento e rascunho

Quando se trata de uma redação longa (por exemplo, um relatório detalhado, uma apresentação ou uma proposta), a estrutura deve ser clara e coerente, ou seja, você deve ter em mente, desde o início, o que precisa escrever. Depois de ter definido seus objetivos e terminado as pesquisas necessárias, você já terá uma ideia clara do que irá escrever. Agora poderá elaborar um plano.

Seu plano deverá ter uma estrutura clara, que permita apresentar as informações e as ideias numa ordem lógica. Existem muitas formas de fazer isso. Contudo, a maioria dos planos deverá começar com três partes claramente identificáveis:

- uma **introdução**, em que você afirma o que pretende fazer e como vai proceder
- um **corpo principal**, contendo as informações, as argumentações e as comprovações
- uma **conclusão**, em que você resumirá o que afirmou anteriormente e exporá todas as suas conclusões ou recomendações

Transformando anotações em plano

Quanto à estrutura geral, você deverá distribuir os tópicos particulares que deseja incluir em seu documento. Isso pode ser feito em etapas simples:

- Escreva todas as argumentações ou pontos levantados em sua pesquisa. Nesta etapa, bastam breves anotações referentes a cada argumentação ou ponto a ser discutido.
- Tente agrupar essas anotações sob títulos gerais.
- Tente dispor os títulos gerais na ordem mais lógica possível. Se houver argumentações a favor e contra alguma coisa, elas devem ser distribuídas em dois grupos: o das favoráveis e o das desfavoráveis. Evite misturar os dois grupos.

- Assegure-se de que você chegou a uma ordem que atende a seus objetivos originais. Se houver lacunas óbvias nessa ordem, talvez você precise voltar e fazer outras pesquisas para preenchê-las.

Uma boa ideia é começar com um esquema simples e avançar para algo mais complexo. Não hesite em eliminar ou deslocar alguns itens ao longo do desenvolvimento de seu plano: isso acontece nesta etapa do trabalho.

Pensamento lateral

Se achar difícil organizar seus pensamentos, deixe de lado o procedimento acima e tente encontrar, a partir do próprio material, outras formas de organizá-lo. Aqui estão algumas técnicas que poderão ser empregadas:

- Escreva uma palavra-chave ou destaque uma ideia no centro de uma grande folha de papel e, partindo dela, escreva palavras e ideias por toda a folha, ligando-as por linhas ao centro ou umas às outras, conforme estejam correlacionadas. Assim, você terá no papel uma rede de ideias interligadas. Isso poderá resultar num esquema mais ou menos como o da página 191.
- Escreva palavras ou ideias em fichas e separe em grupos os itens correlacionados.
- Use pronomes interrogativos como *who* [quem], *why* [por quê], *where* [onde], *when* [quando] e *how* [como] para criar ideias possíveis para o desenvolvimento dos tópicos. Imagine que perguntas seus leitores lhe fariam se tivessem a oportunidade de conversar com você pessoalmente.

Depois de definir as ideias e os pontos básicos, avalie a importância de cada um e decida em que ordem vai trabalhar com eles. Pode haver várias maneiras de dispor seu material. O importante é que seu plano cubra todo esse material e ofereça uma estrutura clara ao que será dito.

USA
Popularity
Differences from Brazil
What's on offer

Schools
Private High School
State High School
Language School
University

A plan to study English in the USA

Brazilian travellers
Children
Adolescents
Adults
Senior citizens

Accomodation
School
Family house
Hostel
Hotel

[**EUA**
Popularidade
Diferenças com relação ao Brasil
O que se oferece

Escolas
Ensino Médio Privado
Ensino Médio Público
Escola de Línguas
Universidade

Planejamento de estudo de inglês nos EUA

Viajantes brasileiros
Crianças
Adolescentes
Adultos
Terceira idade

Acomodação
Escola
Casa de família
Albergue
Hotel]

Seu plano final pode ficar mais ou menos assim:

Introduction: The Idea of Studying English in the USA

Main body

1. What is it about the USA?
   a) Cultural attraction
   b) What to expect
2. Brazilian travellers
   a) Who are they?
   b) When do they go?
   c) What do they need?
3. Possible schools to attend
   a) Private
   b) State schools
4. Accomodation
   a) Family house
   b) Schools
   c) Hostels
   d) Hotels

Conclusion: what we expect and how to achieve it.

Depois de estabelecer um plano básico, você poderá ampliá-lo e acrescentar-lhe mais detalhes, ou já começar seu primeiro rascunho do documento.

Tradicionalmente, nesta primeira etapa usa-se caneta e papel para criar um plano, acrescentando algumas notas e descartando outras. Mas, atualmente, os processadores de texto possibilitam reunir uma grande quantidade de ideias para depois organizá-las num único texto na tela, eliminando as que não serão utilizadas. Seja qual for seu método, não tenha receio de mudar de ideia: é

[Introdução: a ideia de estudar inglês nos EUA

Corpo principal

1. Por que os Estados Unidos?
   a) popularidade cultural
   b) o que esperar
2. Viajantes brasileiros
   a) Quem são?
   b) Quando vão?
   c) Do que necessitam?
3. Possíveis escolas a frequentar
   a) Escola particular
   b) Escola pública
4. Acomodação
   a) Casa de família
   b) Escola
   c) Albergue
   d) Hotel

Conclusão: o que esperar e como obtê-lo.]

melhor alterar o plano no início do que numa etapa posterior, quando as coisas estiverem mais definidas e mais difíceis de serem mudadas.

O início do rascunho

Depois de definir um plano que atenda aos objetivos de seu documento, você estará pronto para começar a escrever. Agora você estará diante de um dos maiores desafios para um escritor: uma folha de papel em branco ou uma tela de computador vazia. Convém vencer essa etapa o mais rápido possível. Comece a escrever, consciente de que esse primeiro rascunho poderá sofrer alterações radicais até chegar à versão final.

Desenvolvimento do rascunho

Ao começar a escrever, você vai perceber que todo o trabalho inicial de preparação valeu a pena. Logo sua escrita começará a fluir com mais facilidade.

Enquanto escreve, tenha em mente os seguintes pontos:

- Siga o plano que tiver estabelecido. Será uma pena desperdiçar todo o trabalho que você teve para produzi-lo, e ele certamente o ajudará a organizar suas ideias.
- Não é preciso terminar um parágrafo para passar adiante. Se você "empacar", passe para o parágrafo seguinte e volte ao anterior mais tarde. Você enxergará com maior lucidez seu parágrafo incompleto e será capaz de perceber o que precisa ser modificado. Se necessário, poderá até apagá-lo e redigi-lo de novo.
- É provável que novas ideias lhe ocorram enquanto você escreve. Se for o caso, não hesite em registrá-las e alterar seu texto para incorporá-las, desde que se encaixem em seu plano.
- Procure dar um tratamento proporcional aos diferentes pontos e argumentações. Não gaste muito tempo num único ponto, dando pouca atenção a outros que possam ser mais importantes.
- Tente facilitar a tarefa de quem for ler seu documento. Use títulos, listas e tabelas para facilitar a obtenção de informações. Certifique-se de que a divisão dos parágrafos esteja clara e tenha uma estrutura lógica e coerente, para facilitar a leitura contínua do texto.
- Se você fizer uma afirmação ou expressar uma opinião, fundamente-as com fatos, cifras ou citações, mas de maneira seletiva e apropriada: não sobrecarregue seu leitor.

Lembretes

- Planeje a estrutura antes de começar a redigir um documento complexo.
- Depois de definir um plano, comece a escrever, sem se preocupar em já definir sua versão final.
- Siga o plano que você tiver definido.

Revisão e reelaboração

Revisão geral

Depois de concluir uma primeira versão completa de seu documento, é possível mudá-la e aprimorá-la. Em geral, é preferível produzir um texto completo, ainda que imperfeito, para depois revisá-lo, a perder tempo tentando chegar a uma redação perfeita logo de início.

Confira se todos os pontos de seu plano foram abordados numa ordem lógica e se tudo o que foi incluído é de fato necessário para sua argumentação.

Confira também se cada questão foi tratada de maneira clara e se houve uma transição natural de um ponto para outro. Se notar alguma falha, acrescente material para explicar, introduzir ou resumir quando necessário, se isso puder aprimorar seu trabalho.

Depois que estiver satisfeito com a estrutura e o conteúdo geral, está na hora de se concentrar na introdução e na conclusão. Você pode achar que o que disse em sua introdução deixou de ser válido, devido às alterações feitas durante a redação. Caberá então corrigir essa falha.

Conferir os detalhes

Se estiver satisfeito com seu trabalho como um todo, julgando-o bem organizado e coerente, você poderá se concentrar nos detalhes. Assim, procure assegurar-se de que sua redação está:

- **Correta**: não pode haver erros de grafia, gramática ou pontuação.
- **Coerente**: cada coisa deverá ser definida pelo mesmo termo em todo o texto. Também o estilo e o *layout* devem ser mantidos em todo o documento.

- **Clara**: a linguagem e as informações devem ser de fácil compreensão. O texto deve ser disposto de maneira atraente, com muito espaço e títulos suficientes para ajudar o leitor, mas não excessivos a ponto de interromper o fluxo da leitura.
- **Completa**: todo o material importante deve ter sido aproveitado, inclusive as explicações de termos pouco familiares, abreviações, informações básicas e indicação de suas fontes.
- **Concisa**: as informações devem se apresentar da maneira mais simples e direta possível.
- **Cortês**: o tom deve ser respeitoso, sem nenhuma palavra que possa ofender ou provocar estranheza.
- **Cuidadosa**: nada deve ser mal elaborado, nada deve ser exagerado, tudo deve ser justificado.

Reduzir

Às vezes talvez você tenha que se ater a um número determinado de palavras, ou resumir um trabalho anterior para novo uso.

A primeira coisa a observar são as palavras desnecessárias. Retire todas as palavras que podem ser omitidas sem mudar o sentido do período:

✘ *The subject of writing skills in business is something of a challenge.*

[O tema das técnicas de escrita comercial é um verdadeiro desafio.]

✔ *Writing skills in business is a challenge.*

[As técnicas de escrita comercial são um desafio.]

Você também pode combinar expressões ou substituir uma frase longa por uma única palavra:

✘ *Often the practical aspect is considered the crucial element.*

[Com frequência, o aspecto prático é considerado o elemento mais importante.]

✔ *Often the practical aspect is crucial.*

[Com frequência, o aspecto prático é o mais importante.]

Além de cortar as palavras desnecessárias, você pode transformar a voz passiva em ativa:

✘ *The sector also has a well-established set of professional awards, where individual campaigns are praised and applauded for their originality.*

[O setor também tem um conjunto estabelecido de recompensas profissionais, com que campanhas individuais são premiadas e elogiadas por sua originalidade.]

✔ *Professional awards praise individual campaigns for their originality.*

[Recompensas profissionais premiam campanhas individuais por sua originalidade.]

Por fim, seja objetivo e elimine frases que, apesar de darem um certo colorido, não têm importância para o sentido geral:

✘ *This is not an exhaustive study of the subject: there are many other examples we could have included.*

[Este não é um estudo exaustivo do assunto: há muitos outros exemplos que poderíamos ter incluído.]

✔ *This is not an exhaustive study of the subject.*

[Este não é um estudo exaustivo do assunto.]

Resumir

Resumir é diferente de reduzir: o resumo deve expressar os pontos principais do documento da forma mais sucinta possível. Os resumos são particularmente importantes em documentos longos, tais como relatórios, propostas ou projetos, em que se deseja oferecer ao leitor a oportunidade de compreender o documento inteiro em pouco tempo.

Aqui estão alguns passos para chegar a um resumo adequado:

- Antes de começar, assegure-se de que você está de fato familiarizado com o documento como um todo. Leia-o do começo ao fim várias vezes.
- Examine o documento do ponto de vista do destinatário: quais principais pontos você gostaria que fossem selecionados? Anote esses pontos principais.
- Talvez haja frases no corpo do documento que funcionariam bem no resumo: se for o caso, transfira-as para o resumo e depois abrevie-as, se necessário.
- Não se limite a unir resumos de cada parágrafo. Faça um resumo de cada uma das seções.
- Depois de escrever o resumo, releia suas anotações sobre os pontos principais e certifique-se de que todos foram abordados.
- Leia o resumo e avalie se ele tem sentido. Verifique se você não partiu de nenhum pressuposto que o leitor desconheça ou se não fez alguma afirmação que só tenha sentido com a leitura do documento integral.

Exercício

Leia o relatório apresentado nas páginas 144-5. Escreva um resumo dele usando não mais que 75 palavras. Compare sua versão com a da página 231.

Lembretes

- Assegure-se de que sua redação tenha observado as sete qualidades: correta, coerente, clara, completa, concisa, cortês e cuidadosa.

- É mais fácil produzir um texto imperfeito e depois revisá-lo do que tentar uma redação perfeita logo de início.
- Você pode simplificar um documento longo demais, eliminando palavras desnecessárias e reescrevendo frases.
- Resumir não é o mesmo que simplificar: um resumo deve incluir todos os pontos-chave de um documento.

Revisão final

Como fazer a revisão final

Não adianta produzir um texto ótimo mas cheio de erros de ortografia e de digitação. Esta seção examina os passos necessários para que você faça uma boa revisão de seu trabalho.

A revisão é uma parte fundamental da publicação. Ela deve ser feita no final do processo: depois do trabalho de edição, em que novos erros poderão ter surgido, e imediatamente antes de você enviar ou apresentar a comunicação escrita.

Aqui vão algumas sugestões para realizar uma boa revisão:

- Se você for fazer a revisão de seu próprio trabalho, não a faça imediatamente depois de terminar de escrevê-lo. É difícil revisar algo que nos é tão familiar. Assim, espere um pouco, ocupe-se de outra coisa e, mais tarde, comece a leitura.
- Escolha um local tranquilo para trabalhar, longe de coisas que possam distraí-lo. Essa tarefa exige concentração total.
- Se o documento for longo, faça a leitura por partes. Faça intervalos frequentes, lembrando sempre de assinalar onde parou.
- Tenha sempre em vista o estilo adotado por sua empresa.
- Use o meio com que se sentir mais à vontade. Você pode ler o documento impresso ou na tela do computador.
- Pode ser conveniente mudar a aparência do documento: por exemplo, se estiver trabalhando com o Microsoft Word, mude a exibição de normal para *layout* de impressão quando começar a leitura.
- Enquanto estiver lendo o texto, "ouça-o" mentalmente (ou o leia em voz alta), pois isso ajuda a compreensão.
- Nunca confie em corretores ortográficos ou gramaticais. Eles nunca levam em conta a palavra em seu contexto.

- Faça a última leitura lentamente, procurando lidar com um erro de cada vez.
- Trabalhe período por período. Leia-o uma primeira vez conferindo o sentido; em seguida, releia-o para detectar erros de ortografia ou gramática. Quando lemos o texto tentando conferir o sentido, o cérebro tende a fazer uma leitura global, sem se ater aos detalhes da ortografia e da gramática.
- Para detectar os erros de ortografia e gramática, às vezes pode ser útil ler o texto do fim para o começo; esse procedimento garante que sua atenção esteja concentrada nesses erros, e não no sentido.
- Conheça seus pontos fracos; se há erros que você costuma cometer, procure atentar principalmente para eles.

Estilo próprio

A revisão deve levar em consideração o estilo próprio da firma, ou seja, um conjunto de regras que buscam garantir a propriedade e a uniformidade do uso da língua em toda a organização. Ter um estilo consistente passa uma imagem positiva e profissional ao cliente, mas é importante adotá-lo em todos os tipos de comunicação, do *e-mail* mais informal ao relatório ou proposta ao cliente da maior importância.

Um guia de estilo deve atender às seguintes indagações:

- Que grafia usar quando existe a possibilidade de mais de uma delas? (Isso se aplica particularmente à escolha do inglês americano ou britânico, conforme o destinatário, embora isso não seja obrigatório: ambos os lados do Atlântico reconhecem uma só língua, que nunca precisou ser unificada.)
- Que palavras podem ser abreviadas, e de que forma?
- Que palavras devem ser escritas com acento? (Lembre que o acento gráfico só é usado em inglês para a grafia de palavras estrangeiras.)
- Em que casos devem-se usar maiúsculas e/ou itálico?
- Como grafar datas e números?

O estilo próprio também deve responder a estas indagações:

- Como registrar listas?
- Como pontuar o discurso direto: com aspas simples ou duplas?
- Como as palavras estrangeiras ou técnicas devem ser grafadas?

Algumas sugestões de bom estilo são apresentadas nas páginas 207-16. Mas, se sua empresa já tem um estilo próprio, você deve se ater a ele.

O que buscar quando se faz uma revisão?

O objetivo da revisão é encontrar eventuais erros ou problemas e corrigi-los. Que tipos de erros podem aparecer? Aqui está uma lista dos erros para os quais devemos atentar. Na verdade, já falamos de muitos deles em seções anteriores.

- uso de palavras desnecessárias ou repetitivas (ver páginas 29-32)
- palavras usadas equivocadamente (ver páginas 65-93)
- falta de pontuação ou pontuação incorreta (ver páginas 44-64)
- erros de ortografia: na dúvida, consulte um dicionário (isto é particularmente importante para os que não são falantes nativos da língua)
- falta de padronização, principalmente com relação ao estilo próprio da firma
- letras duplas incorretas, em palavras como *targetted* [objetivado]; *combatting* [combatente]; *focussing* [enfocando]; *skillfull* [habilidoso, especializado]
- omissão de palavras: os olhos e o cérebro muitas vezes presumem que um palavra encontra-se num lugar em que, na verdade, ela não está; portanto, leia devagar e com atenção
- omissão de letras: o que foi dito no item anterior também pode ocorrer com relação à grafia de uma palavra
- palavras a mais: particularmente as curtas, como *the*, *a* e *to*, muitas vezes se insinuam num documento como resquício de alterações anteriores
- letras a mais numa palavra, particularmente três letras em lugar de duas

- dados incorretos: verifique números, porcentagens, a grafia dos nomes próprios, números de telefone etc.

Como indicar correções

Aqui está um guia breve para se fazerem correções simples em um texto:

- Para eliminar uma letra, palavra ou um trecho, sublinhe com um traço simples o que vai ser retirado e escreva *apagar* ou coloque um *x* na margem.
- Para recuperar algo que foi apagado por engano, marque o local com uma linha pontilhada.
- Todo elemento novo deve ser escrito na margem e nunca no corpo do texto.
- Para acrescentar novos elementos, coloque o símbolo ✓ no lugar apropriado do texto e também na margem do novo texto, onde deverá ser escrito o acréscimo.
- Se o material novo não couber na margem, digite-o numa página à parte e faça uma referência clara na margem.
- Para evitar confusão, use letras maiúsculas apenas quando elas forem de fato entrar no texto como maiúsculas.
- Escreva com clareza.
- Quando fizer uma correção, não se esqueça de verificar se ela não implicará outras correções ao longo do texto.

Se você estiver fazendo uma revisão profissional ou lendo provas de material que será impresso em gráfica, use os símbolos de praxe empregados pelas editoras.

Exercício

Faça a revisão do texto abaixo, corrigindo os erros e as incoerências. Compare o resultado de seu trabalho com o que apresentamos na página 231:

> *Bored staff can indeed spell danger for client's reputations. The key to avoiding this is to insure that the contact centre operators have knowlege and*

enthusiasm for the brand and are able to communicate that over the telephone. This is being succesfully achieved for Motorall by customer contact outsourcing partner Cloud Systems.

Motorall are a passionate, visionary organisation who place considerable emphasise on committment to the existing customer base. As part of this focus, a department was set up to deal with customers, with responsibility for reforming the Company to make it more customer driven and for building strong customer relationship.

A central element of this customer-conscious approach is an outsourced customer contact centre – the MOtorall Contact Centre (M.C.C.) – with the soul aim of talking to customers' correctly. By outsourcing, Motorall have a flexible resource to meet changing customer requirements. By insuring it choose the right partner, it sought to be "confident that the Motorall philosophy is fully understood and implemented'.

The MCC handle between 700 and 1,100 calls per week generally 75% on cars, with the remaining ones evenly split between bikes and power products. The frequency of calls is heavily influenced by events (like motor shows, new model launches) and seasonality, which effects motorcycle and power equipment users. Additionally, MCC answers an average of two hundred and fifty emails and coupons per week on a wide range of topics.

Lembretes

- A revisão final é a última etapa antes do envio de um documento.
- Faça um intervalo entre o término da redação e a revisão final.
- Procure familiarizar-se com o estilo próprio de sua organização.
- Leia lentamente sua redação e procure, em especial, o que você sabe que pode estar errado.

Sugestão de regras de estilo

Se sua empresa já tem um estilo próprio, você deverá utilizá-lo. Contudo, aqui vão algumas sugestões de estilo para a redação de documentos em inglês comercial.

Abreviaturas

Para abreviar uma palavra inglesa, só use ponto nos casos em que possa haver confusão com outra palavra. Por exemplo, escreva *no.* (*number*) para evitar confusão com a palavra *no*.

Evite abreviaturas ou siglas em seu texto, exceto as que se referem a nomes universalmente conhecidos (*BBC*, *CIA*, *IBM*) e as que são correntes na língua, como *eg*, *ie*, *etc*. Segue uma lista das abreviaturas mais comuns em inglês comercial:

am	*before noon*	antes do meio-dia
C	*Celsius (Centigrade)*	centígrado (grau)
c	*century*	século
c.	*circa*	cerca de
cm	*centimetre(s) (B), centimeter(s) (A)*	centímetro(s)
cwt	*hundredweight(s)*	cem libras
eg	*for example*	por exemplo
etc	*and so on*	etcetera, e assim por diante
F	*Fahrenheit*	Farenheit (grau)
fl oz	*fluid ounce(s)*	onça(s) líquida(s) ou fluida(s)
ft	*foot/feet*	pé(s) (medida linear)

g	*gram(s)*	grama(s) (medida de peso)
ie	*that is*	isto é
in	*inch(es)*	polegada(s)
K	*Kelvin*	Kelvin (unidade de temperatura)
kg	*kilogram(s)*	quilo(s)
kJ	*kilojoule(s)*	quilojoule(s)
km	*kilometre(s) (B), kilometer(s) (A)*	quilômetro(s)
kph/mph	*kilometres (B) kilometers (A) per hour/miles per hour*	quilômetros por hora/ milhas por hora
l	*litre(s) (B), liter(s) (A)*	litro(s)
lb	*pound(s)*	libra(s)
m	*metre(s) (B), meter(s) (A)*	metro(s)
ml	*millilitre(s) (B), milliliter(s) (A)*	mililitro(s)
mm	*millimetre(s) (B), millimeter (A)*	milímetro(s)
NB	*note well*	note bem
oz	*ounce(s)*	onça(s) (medida)
pm	*afternoon*	depois do meio-dia
UK	*United Kingdom*	Reino Unido
US	*United States*	Estados Unidos
USA	*United States of America*	Estados Unidos da América
yd	*yard(s)*	jarda(s) (medida linear)

Acentos

Em inglês, o acento gráfico só é usado em palavras estrangeiras e, mesmo assim, nos casos em que é de vital importância para a pronúncia. Isso é particularmente importante nos casos em que a palavra é homônima de outra (ou seja, escrita do mesmo modo), mas tem um sentido diferente quando escrita sem o acento.

Estas são as palavras estrangeiras acentuadas mais comuns em inglês, todas emprestadas do francês:

appliqué [aplicado]
attaché [adido]
bric-à-brac [quinquilharia]
canapé [canapé]
café [café – estabelecimento]
cliché [clichê]
crèche [presépio]
déjà vu [já visto]
exposé [exposto]
façade [fachada]
fête [festa]
naïve [ingênuo]
pièce de résistance [prato principal]
précis [sumário]
première [première, estreia]
résumé [resumo]
rosé [vinho rosê]
vis-à-vis [frente a frente]

Datas

Escreva as datas desta forma:

24 July 2009

Observe que não há necessidade de pontuação.

Décadas

Escreva os nomes das décadas com numerais, sem o apóstrofo antes do *s*:

1990s
[a década de 1990]

Expressões com e-

Use o hífen quando escrever palavras iniciadas por *e-* (*electronic*), como *e-mail*, *e-commerce* e *e-broadcast*.

Gênero

Não faça suposições que possam provocar constrangimento.

Evite usar o masculino (*he*, *him*, *his*, *himself*) ou o feminino (*she*, *her*, *hers*, *herself*), a menos que esteja fazendo referência a uma pessoa específica; ao contrário do português, o inglês evita a generalização pelo masculino:

✘ *Each telephonist will have a script on his screen.*

[Cada telefonista terá um *script* em sua tela.]

✘ *Each doctor will ensure she sees three patients in an hour.*

[Cada médico procurará atender três pacientes em uma hora.]

A melhor solução é reescrever a frase no plural:

All telephonists will have a script on their screens.

All doctors will ensure they see three patients an hour.

Use os seguintes indicadores profissionais para ambos os sexos:

author [autor(a)]

firefighter [bombeiro(a)]

flight attendant [comissário(a) de bordo]

manager [gerente]

mayor [prefeito(a)]

poet [poeta, poetisa]

police officer [oficial de polícia]

steward [atendente]

usher [porteiro(a)]

Faz-se a distinção de gênero nos seguintes casos:

actor [ator] / *actress* [atriz]

chairman / chairwoman [gerente] (se o contexto não permitir apenas *chair*)

spokesman / spokeswoman [porta-voz] (em geral, prefere-se apenas *spokesperson*)

Itálicos

Use itálico nos seguintes casos:

- títulos de livros, com exceção dos que compõem a Bíblia
- títulos de periódicos
- títulos de peças de teatro, filmes, programas de rádio e televisão, óperas, balés, ciclo de canções etc.
- títulos de álbuns ou coleções de obras gravadas
- nomes de navios (mas as letras HMS, SS etc. permanecem em tipo regular)
- palavras estrangeiras que não são de uso corrente
- nomes latinos de gêneros, espécies e variedades biológicas
- nomes das partes em processos judiciais (mas a letra "v" [*versus*] entre elas permanece em tipo regular)
- indicações ao leitor (por exemplo, *see also* [ver também] ou *above* [acima])
- palavras que recebem ênfase especial

Letras maiúsculas

Use letra maiúscula para iniciar nomes próprios (de pessoas, lugares, épocas, eventos, instituições etc.) ou títulos (de livros, filmes etc.).

Em inglês, a maiúscula é usada em funções ou cargos mencionados imediatamente após o nome de quem os exerce; quando apenas a função ou cargo é mencionado, usa-se letra minúscula:

> *Steve Jones, Managing Director.*
> [Steve Jones, Diretor-Gerente.]
>
> *The managing director, Steve Jones, said:...*
> [O diretor-gerente, Steve Jones, disse:...]

Se o nome de um departamento está associado ao título, é escrito com maiúscula:

> *Sarah Smith, Head of Marketing.*
> [Sarah Smith, Diretora de *Marketing*.]

mas

> *Sarah Smith works in the marketing department.*
> [Sarah Smith trabalha no departamento de *marketing*.]

Nos cabeçalhos e títulos, use letra maiúscula apenas na primeira palavra e nos nomes próprios:

> *Re: Your order for 30 shirts.*
> [Re: Seu pedido de 30 camisas.]
>
> *Subject: Our meeting on 29 July.*
> [Assunto: Nossa reunião de 29 de julho.]
>
> *Investigation report into health and safety hazards at the Bournemouth site.*
> [Relatório da investigação dos incidentes de saúde e segurança na fábrica de Bournemouth.]

Palavras como *director* [diretor], *company* [companhia], *group* [grupo], *team* [equipe] devem ser escritas com minúsculas, a menos que façam parte de um título:

> *HMV Group plc (public limited company)*
> [Companhia pública limitada Grupo HMV]

The company's profits grew.
[Os lucros da companhia aumentaram.]

Só use letra maiúscula para indicar pontos cardeais se eles fizerem parte de um nome próprio:

The company is in West Virginia.
[A companhia fica na Virgínia Ocidental.]

mas

Croydon is south of London.
[Croydon fica ao sul de Londres.]

Números

Todos os números até nove (inclusive este) devem ser escritos por extenso. Todos os números acima de 10 são escritos com algarismos.

Temos uma exceção quando um número vem no início de uma oração:

Eighty-eight people attended the meeting.
[Oitenta e oito pessoas assistiram à reunião.]

As frações devem ser escritas por extenso e com hífen:

three-quarters of the population
[três quartos da população]

two-thirds full
[cheio a dois terços]

Use algarismos em tabelas.

Números de telefone

Inclua o código internacional e coloque o código de área entre parênteses:

44 (0)1223 123456

Palavras estrangeiras

A menos que seu emprego seja muito corrente, as palavras estrangeiras devem ser escritas em itálico:

bon mot [piada, dito espirituoso]

coup d'état [golpe de Estado]

bête noire ["besta negra" – a coisa ou pessoa mais detestada]

raison d'être [razão de ser]

coup de grâce [golpe de misericórdia]

Não use itálico nestas palavras de uso frequente:

entrepreneur [empreendedor, investidor]

cul-de-sac [rua sem saída]

cliché [clichê]

à la carte [à la carte]

façade [fachada]

élite [elite]

en suite [em seguida]

en route [a caminho]

Porcentagens

Use *per cent* [por cento] em vez do símbolo % depois de todos os números, mesmo quando não escritos por extenso.

Substantivos coletivos

Estes substantivos são sempre singulares:

company [companhia]

organization [organização]

enterprise [empresa]

venture [empreendimento]

government [governo]

school [escola]

partnership [parceria]

Assim, eles sempre levam o verbo e o pronome para o singular:

The company announced its annual results.
[A companhia anunciou seus resultados anuais.]

Brown & Co has launched a new product.
[A Brown & Co. lançou um novo produto.]

The organization is closed until further notice.
[A organização está fechada até segunda ordem.]

The government is facing a crisis over tax.
[O governo está enfrentando uma crise envolvendo os impostos.]

The school is now top of the league tables.
[A escola agora está no topo da classificação da liga.]

Outros substantivos coletivos, como *staff* [equipe, pessoal], *team* [equipe, quadro de funcionários], *management* [gerência], *class* [classe], *committee* [comitê], *group* [grupo], *family* [família], podem ser tratados como referentes a um todo (levando o verbo e os pronomes para o singular) ou a um grupo de indivíduos (levando o verbo e o pronome para o plural), dependendo do contexto:

The staff went for its annual party.
[Os funcionários se reuniram para sua festa anual.]

The staff are at loggerheads with each other.
[Os funcionários estão todos em desacordo.]

The management made its decision.
[A gerência tomou sua decisão.]

The management chose their different teams.
[A gerência escolheu suas diferentes equipes.]

The committee was locked away for hours.
[O comitê ficou trancado por horas.]

The committee were all re-elected.
[Todo o comitê foi reeleito.]

The committee weren't all re-elected: some lost their seats.
[O comitê não foi todo reeleito: alguns perderam suas cadeiras.]

É preciso estar atento para o sentido que se dá a esses coletivos e, assim, fazer a concordância correta:

✘ *The management made its decision and then took their time in announcing the result.*

✔ *The management made its decision and then took its time in announcing the result.*

✔ *The management made their decision and then took their time in announcing the result.*

[A gerência tomou sua decisão e, então, demorou a anunciar o resultado.]

Soluções

Soluções

Orações e períodos

1 *Com sentido próprio.*
2 *Sem sentido próprio.*
3 *Sem sentido próprio.*
4 *Com sentido próprio.*
5 *Com sentido próprio.*
6 *Sem sentido próprio.*

Escrevendo períodos curtos

1 *We seek to grow our business by offering innovative leathers. These will be differentiated from competing products by their performance properties, quality and consistency. They will also be backed by the highest standards of customer service.*

2 *Smith's share price is down and sales are under pressure. In addition, it has withdrawn some of its promotional activities. Now, the Health Protection Agency has linked the company to an outbreak of a rare strain of salmonella among 45 people by describing it as 'an exact match of that [strain] found in the product'.*

Unindo orações

1 *It was a bright evening and the birds chirped in the trees.*
2 *It was a bright evening, the birds chirped in the trees, and Annie sat in the garden.*
3 *It was a bright evening but he house was dark when they arrived, so they turned on the lights.*
4 *We need to develop a new programme which will attract new customers, but we need to assure existing clients that this will not affect them.*

5 *We need to develop a new programme which will attract new customers, but we need to assure existing clients that this will not affect them, and we need to prove this to them.*

Vozes do verbo

1 *You need to organize a more concise presentation of ideas.*
2 *They considered the evidence carefully and there seems to be grounds for disciplinary action. They have informed the managing director by letter and they expect his reply on Thursday.*
3 *We will make outbound calls to customers during the programme to assess their willingness to purchase.*
4 *You will collect and present data each month.*

Os parágrafos

For a consulting company dedicated to improving healthcare through quality and business analysis, it was critical to find a flexible, reliable and low-cost solution that could grow with their needs. As a result of the Instorage architecture, which uses standard Ethernet switching for host and storage array connectivity, DHS achieves much better performance than its previous DAS environment.

The scalable Instorage solution enables DHS to expand the IP SAN using in-house resources. As a result, researchers have faster and more reliable access to data, enabling them to process and analyze patient records and test results more effectively. In addition, the company can start more research projects without concerns about storage capacity.

A melhor palavra

1 *I called you about the folder I bought from you, and which I need to give to my committee tomorrow.*
2 *It would be useful for us to finish the project: we can change it at a date to be decided later.*
3 *They sent the invoice by fax, with extra information, but it was clear that they hadn't made the changes.*

4 *It would be helpful to us if you could carry out the repairs by using the latest parts.*
5 *The holidays affected our plans but this showed we need more staff.*

Pleonasmos

1 *Entrance is for ticket-holders only: the reason is lack of planning caused by the crisis.*
2 *In the past, innovations have been essential.*
3 *There is no alternative. The consensus is that prospects will divide the nation.*
4 *The gift was a bonus; we offered our thanks.*
5 *It was unanimous: the plate was perfect.*

A ação deve ficar com o verbo

1 *We know he will deliver the package on Tuesday.*
2 *When we met him, he proposed changing the name.*
3 *From today, all ideas should be submitted to the management team.*
4 *The team then discussed seating.*
5 *Callit launched the product in Amsterdam.*

Apóstrofo

1 *Its mother decided it was time to give its child its milk.*
2 *The lady gave some eggs and tomatoes to her children's friends.*
3 *During the 1980s, the government's policy was to reduce its spending.*
4 *In two years' time, it will have completed its term as a blind person's companion.*
5 *It's time to decide whose friend you are and who's going to go with you.*
6 *The book was theirs. It wasn't hers.*
7 *There was a month's gap between its first and last win.*

Vírgula

1 *The carpet, which is soiled, is going to be replaced.*
2 *Although they wanted to go, they stayed inside.*
3 *He implied that some, if not all, of the proposal was wrong.*
4 *We have sent the goods, although they may take time to reach you.*
5 *They held a discussion, and afterwards they had a meal together.*

Dois-pontos

1 *Chris Beattie, who made the device, believes it will fill a gap in the market: 'Our research shows there is considerable demand.'*
2 *The interviews were held in various rooms: offices, hallways, the reception area.*
3 *David couldn't leave the office on time: he needed to finish his report.*
4 *The team were devastated: no orders and no prospect of any for at least a month.*

Ponto e vírgula

1 *Peter wanted to pay the full amount; John did not. An argument ensued.*
2 *The course comprised a number of units: elementary English, including punctuation; clear writing, with lots of exercises; and practical exercises.*
3 *The screen is bright and clear; the keyboard is small and compact.*

Parênteses

1 *The shop (Choc a Lot) was closed on Fridays.*
2 *We looked at it (the estate) and decided to buy.*
3 *The loaf (loaves) must then be left in the oven for 10 minutes.*
4 *The gallery contained the finest examples of Impressionist art (Monet, Gauguin, Degas).*

Travessão

1 *He knew he had won – but not by that much.*

2 *The team knew the prospective customer – a tough operator – would be difficult to win over.*
3 *She had seen him before and talked to him – without permission.*
4 *They collected the materials – wire, connectors, plugs and brackets – and started to put them together.*

Erros comuns

1 *How does this affect you?*
2 *There were adverse trading conditions which affected our profit.*
3 *He alluded to her in his speech but I can assure you it was accidental.*
4 *The manager was responsible for appraising the team based on the number of successful sales calls each month.*
5 *He set a trap with the wallet as bait and watched with bated breath.*
6 *It was not a pretty sight: compared with the last visit, it had changed out of all recognition.*
7 *He complimented me on my delivery style, but I wasn't complacent: he would expect more next time.*
8 *She talked continuously, which meant we couldn't hear the performance.*
9 *We've been asked to copywrite the leaflet: it needs to complement the website.*
10 *His counsel was different from the previous advice we had received.*
11 *There were three criteria: weight, size and height.*
12 *She went to the meeting, despite her misgivings.*
13 *She is so efficient: everything is always delivered on time.*
14 *He was disinterested and made the perfect referee.*
15 *The report elicited a swift response.*
16 *The desk was discrete from the table – at least four metres away.*
17 *They defused the situation by announcing it was time for lunch.*
18 *The decision was imminent: then we would be entering the next phase.*
19 *They refused to listen to any further demands.*
20 *We had no cause to worry: the material was non-flammable.*

21 *They summarized the report verbally for the marketing director and me.*
22 *He flaunted his credentials but he wasn't offered the job.*
23 *I was late so I had to forgo the first session.*
24 *There was a secret hoard of stationery in the cabinet.*
25 *The factory needed less wool than before and produced fewer jumpers.*
26 *The garage was licensed to sell spare parts for all vehicles.*
27 *We have led the market but we could lose our position unless we increase productivity.*
28 *None of the interviewees was suitable for the job.*
29 *The new production line will mitigate the impact of shorter working hours.*
30 *We needed to be practical: it just wasn't practicable to get there and back in two hours.*
31 *Whom did you talk to this morning?*
32 *The council meted out fines to all transgressors.*
33 *It was common practice to leave early on a Friday.*
34 *We could see he was prevaricating because he simply wasn't ready.*
35 *We followed all the principles we had been taught by our parents.*
36 *The client told us to end the contract, which had not been respected.*
37 *When I arrive, whom should I contact?*
38 *I had run out of stationery, so I rang the supplier.*
39 *The money we'd set aside for tax was sequestrated by the officials.*
40 *Who could possibly be our representative in Berlin?*

Teste

1 *They felt that they had one, and only one, chance to succeed.*
2 *The company was astonished at the quality but still stuck to its decision.*
3 *In 12 years' time they will reach their maximum.*

4 *There are a number of items that you will need to bring: paper with complementary envelopes; pens, preferably red, black and blue; CDs staplers, and paper clips.*
5 *It's time to decide whether you are going to add to the team.*
6 *She handed it to Gavin and me: the effect was immediate.*
7 *She was so impressed with my writing that she compared it to Shakespeare's!*
8 *Only ten people applied for the job, which was far fewer than she expected.*
9 *The pharmacy lost its licence: the reason was lack of organization.*
10 *Annie forgot her passport number, when she was asked about it by the French officer.*
11 *The government's new policy had further impact on the price of PCs.*
12 *In the 1990s, the company's managing director was appointed for three years' service.*
13 *There were only two words for it: really terrible!*
14 *While he was out of the room, the team enquired about the prospects for the organization.*
15 *The consensus was that the brochure was perfect, but it would have to be replaced in six months' time.*
16 *The children's teacher would not divulge anything on principle.*
17 *Trefoil was determined not to lose the contract, but it was faced with a bleak outlook.*
18 *In the morning, as soon as I'm awake, I put my phone on: it's part of my job.*
19 *None of the team wants to go, although it would have been fun.*
20 *Sayed was satisfied: the delegates had listened, learnt and worked hard; now they were really going to think about their use of the English language.*

Cartas

Esta é uma versão aprimorada da carta da página 109. Evidentemente, ela não é a única possível:

The IT Centre
50 Oxford Street
Bournemouth
BH1 9AA

19 November 2011

Mr P Smith
1 The Avenue
New Malden
Surrey
KT3 1BB

Dear Mr Smith

Following our telephone conversation earlier today, I enclose the 30 ink cartridges you requested.

As discussed, we do not have any more of these in stock at the moment but we believe we will receive further stocks soon. I will contact you as soon as I have any more news about this.

I would be very grateful if you could let me know that you have received this order. In the meantime, many thanks for your business.

Yours sincerely

Paul Jones
Warehouse Manager

E-mails

Esta é uma versão aprimorada do *e-mail* da página 119. Evidentemente, ela não é a única possível:

To: Barbara@bathson.co.uk
From: Nigel.marr@brightlights.com
Re: Lighting Order 7th November 2011

Dear Ms Bathson

Many thanks for your order dated 7th November for seven Macintosh glass lampholders and three pull switches. We're pleased to inform you that we have a special offer at the moment, which will mean you will receive the seven lampholders for the price of six.

We expect to despatch these items to you tomorrow (9th November) for delivery the following day but will let you know if this changes.

Many thanks once again for your custom.

Kind regards.

Nigel Marr

Nigel Marr
Senior Sales Consultant
Bright Lights Ltd
1 The Promenade, Weston super Mare BS22 1AB
01934 654321
www.brightlights.com

Relatórios

Esta é uma versão aprimorada do relatório das páginas 144-5. Evidentemente, ela não é a única possível:

ASTEROID ELECTRO MECHANICAL SYSTEMS PLC

Investigation report into health and safety hazards at the Bournemouth site

Date of submission: 25 June 2011
Compiled by: PD Smith, Safety Officer
For the attention of: GH Merryweather, Managing Director

1. Terms of Reference
This report is the result of an investigation into health and safety hazards at the Bournemouth site which may contravene the Health and Safety at Work Act.

It was requested by the Managing Director to prepare for the visit by the Government Inspector which may take place at an unspecified date. It was carried out by the newly appointed Safety Officer and was to be submitted by the end of June 2007. The report should recommend any possible health and safety improvements.

2. Methods of Investigation

2.1. Legislation: The Health & Safety at Work Act was studied.

2.2. Observation: The Research and Development Annex, the Production Workshops and the office-based departments (Personnel, Finance and Marketing) were inspected. Two hours were spent in each location, observing and taking notes.

2.3. Interviews: The line managers for each location were interviewed to find out if they had seen any problems. They were also asked how well they knew their own responsibilities under the Act.

2.4. Informal discussions: These were carried out with some employees during the observations.

3. Findings/analysis of information

3.1. Legislation: The legislation makes it clear that all staff could be liable under the Act if an accident occurs. It clarifies responsibilities for senior management, supervisory staff and all other employees. A short guide can be found in Appendix 1.

3.2. Observation:

3.2.1. R&D Annex: This is a 'clean' environment and conditions are generally good. However, one graduate trainee was observed attempting to lift a heavy CO_2 cylinder. When questioned, he stated he had been asked to do this by the project leader and that all personnel had to do this to ensure tests could continue.

3.2.2. The workshops: There seemed to be no problems in most workshops. In Workshop C, however, the ventilation had broken down and as it was a very hot day staff were working with open coats. There was a danger of these catching in the machinery.

3.2.3. The offices: Generally, these had good working conditions. However, there were too many extension leads in the administration office and these were trailing across the floor. There appeared to be a general carelessness over trailing leads in all offices.

3.2.4. Interviews:

a) The Project Manager: when asked about the CO_2 cylinders, the project manager stated that he had lifted them on occasions. One trainee had suffered from a strained back. Trolleys had been requested from the R&D Manager but none had been delivered.

b) The Workshop C Supervisor: when asked about the ventilation, the workshop supervisor stated that a request for action had been made to Maintenance in writing a week earlier but the reply indicated that Maintenance was short-staffed because of holidays but would respond as soon as possible. The workshop supervisor understood his responsibilities, which had been covered in a training course.

c) Two relevant office supervisors: both indicated that extension leads were needed.

3.2.5. Informal discussions with employees: there was a lack of awareness over possible liability under the Act. All employees however had signed contracts of employment which stated that they were responsible for their own safety.

4. Conclusions

4.1. There is no suitable lifting method for the CO_2 cylinders. The company would be liable if this caused a back injury.

4.2. There are not sufficient staff in the maintenance department to repair the ventilation.

4.3. There is considerable danger from trailing leads in many departments.

4.4. Staff in many departments are unsure about safety procedures.

5. Recommendations

5.1. Industrial Lifting Gear plc should be contacted immediately to solve the lack of lifting equipment.

5.2. Four extra temporary maintenance staff should be employed. Both the ventilation in workshop C and the number of power sockets in the Administration Office should be addressed as a matter of priority.

5.3. There should be safety courses organized for all staff, run by the Training Office. Safety should also form an important part of induction days for all new staff.

Apresentações eletrônicas

1 Esta é uma versão aprimorada do primeiro *slide* da página 156. Evidentemente, pode haver outras:

How to proceed: 10 Top Tips

- ⌘ Get support
- ⌘ Go global
- ⌘ Map the benefits v brand value
- ⌘ Set clear objectives
- ⌘ Business before technology
- ⌘ Be first in your sector
- ⌘ Don't wait to be perfect
- ⌘ Allow time after launch
- ⌘ Guidelines visibly in place
- ⌘ Experiment

2 Esta é uma versão aprimorada do segundo *slide* da página 156. Evidentemente, pode haver outras:

Managing Complex Change

You need:

Vision + skills + incentive + resources + action plan

- ⌘ No vision = confusion
- ⌘ No skills = anxiety
- ⌘ No action plan = false starts
- ⌘ No resources = frustration
- ⌘ No incentive = gradual change

Resumir

Este é um resumo com 67 palavras do relatório das páginas 144-5.

> *This report is the result of an investigation into health and safety hazards at the Bornemouth site. It has been produced using both desk and field research. Its findings are that there are specific areas which need attention, in particular the lifting of CO_2 cylinders, ventilation in workshops, trailing leads and staff knowledge. It makes a number of recommendations which will provide both immediate and long-term solutions.*

Revisão final

Esta é uma versão corrigida do texto das páginas 204-5. As correções aparecem em negrito. Esta versão pressupõe o estilo próprio sugerido nas páginas 207-16.

> *Bored staff can indeed spell danger for **clients'** reputations. The key to avoiding this is to **ensure** that the contact centre operators have **knowledge** and enthusiasm for the brand and are able to communicate that over the telephone. This is being **successfully** achieved for Motorall by customer contact outsourcing partner Cloud Systems.*
>
> *Motorall is a passionate, **visionary organization which places** considerable **emphasis** on **commitment** to the existing customer base. As part of this focus, a department was set up to deal with customers, with responsibility for reforming the **company** to make it more customer driven and for building strong customer **relationships**.*
>
> *A central element of this customer-conscious approach is an outsourced customer contact centre – the **Motorall** Contact Centre (**MCC**) – with the **sole** aim of talking to **customers** correctly. By*

outsourcing, Motorall ***has*** *a flexible resource to meet changing customer requirements. By* ***ensuring*** *it* ***chose*** *the right partner, it sought to be 'confident that the Motorall philosophy is fully understood and implemented'.*

The MCC ***handles*** *between 700 and 1,100 calls per week, generally* ***75 per cent*** *on cars, with the remaining ones evenly split between bikes and power products. The frequency of calls is heavily influenced by events (like motor shows, new model launches) and seasonality, which* ***affects*** *motorcycle and power equipment users. Additionally,* ***the*** *MCC answers an average of* ***250 e-mails*** *and coupons per week on a wide range of topics.*

Índice remissivo

A

abreviações 153, 197, 207-8, em *e-mails* 112, 116-8
acento 208-9
acrônimo 112, 140
adjetivo 162, 170, 171
advérbio 170
agenda **125-6**, 131
AIDA 173, 176
ambiguidade **36-8**, 63
anexos **116**
apêndices **137-8**, 139, 148, 151
apóstrofo **44-8**
  emprego errôneo do 47-8
  posição do 46
apresentação **152-7**
aspas 49
assinatura 99, 113, 175
ata **127-8**, 131

B

bibliografia **138**
boilerplate 163
brochuras *ver* folhetos

C

cabeçalho 212
  em apresentação de *slides* 153
  em folhetos 169-70
  em *press releases* 162
  em relatórios 135
cartas **99-110**
  estrutura das 100, 106
  modelo das 103
  vantagens das 99
citação 57, 163, 194
colchetes 61
coletivos, 214-6
conclusão **137**, 189
conjunção 10, 11, 20
contato, relatório de **128**
revisão final **201-6**
corpo principal 106, 122, 189
correções **204**
corretor ortográfico 201

D

data 47, **103**, 209
década 45, 210
despedida, *ver* fecho
dois-pontos **56**, 63

E

elipse 112
e-mail 99, **111-9**, 122, 175, 176, 210
e-mail marketing **175-6**
emoticon 112
encerramento/desfecho
  em cartas 103, **104**, 106
  em e-*mails* 113
  em faxes 121
  em memorandos 122

endereço
em *e-mails* 112, 113
em cartas **103**
enumeração 51, 54, 57
estilo **170-1**, 179-80
estilo jornalístico 162, 180
estilo próprio **202-3**
sugestão de regras de **207-16**
estrutura 18-20, 100, 135, 148, 150-1, 162-3, 184, 189

F
fatos e números 194, 204
fax **120-4**
folhetos **168-72**
frase **xi**, 3, 197-8

G
gíria **25**, 38

H
hífen **63-4**, 210
home page **184-5**

I
índice **138**
introdução 189, 196
a cartas 106
a *e-mails* 113
a memorandos 122
a planos comerciais 151
a propostas de vendas 148
a relatórios 136
itálicos 211

J
jargão **24-5**, 38, 140

L
levantamentos **136-7**
linguagem 116, 122, 139-40, 149, 170-1, 175, 184
lista 8, 59, 137

M
maiúscula 112, 153, 204, 211-3
mala direta **173-8**
memorando **122-3**
métodos de pesquisa **136**
minuta *ver* ata

N
netiquette 119
newsletters **179-82**
número 45, 213
números de telefone 213
numeração, sistema de **138-9**, 146, 148

O
objeto 12, 88, 89
oração **3**, 20, 88, 89, 90
ativa 11-3, 21
coordenada 4-5
subordinada 4-5
passiva 11-4, 21, 139, 198

P
palavras desnecessárias 7, 197, 200, 203
palavras estrangeiras 208, 211
parágrafo **15-21**, 138, 163
estrutura do 18-20
parênteses **60-1**
período **3**
simples 3, **4**
composto 3, 4, 5

ersonalização 139, **175**
lanejamento 169, **189-93**
lano comercial **150-1**
leonasmo **29**
omposidade 22, **35**
onto de exclamação **60**, 112
onto e vírgula **57-60**
onto final 58, 59
ontuação **44-64**, 100, 103, 104
orcentagem 214
reposição 42
  fim de frase com 42-3
ress releases 57, **161-7**
ronome 48

R

rascunho 188, **189-95**
recomendações 136, **137**, 140, 189
redundância (de linguagem) **29-33**
relatórios **134-146**
resumo 136, **197**
revisão 164, 171, 176, 182, 185, **196-200**

S

saudação
  em cartas 103, **104**
  em *e-mails* **113**
  em faxes 121
slide 152-7
substantivo 33-4, 38, 46, 47
  coletivo 214-6
  verbo transformado em **33-4**
subtítulo 135, 170, 184
sujeito 3, 12, 53, 81, 88

T

tarefas, decisões sobre 128
título **135**, 170
travessão **62-3**
triângulo invertido, 162, 167, 180

V

verbo 3, 11-2, **33**, 34
verbos finitos 3, 20
vírgula 10, 20, 42, **50-6**, 89, 90, 91
  para clareza 51
  em listas 45, 49
  emprego errôneo da 55-6

W

websites **183-5**